餐饮企业
软文营销一本通

樊春元

主编

化学工业出版社

·北京·

《餐饮企业软文营销一本通》主要从餐饮企业的软文营销基本认知、软文营销标题设计、软文营销写作技巧、软文营销风险防范、软文营销百度推广、软文营销微信推广、软文营销论坛推广、软文营销博客推广、软文营销微博推广、软文营销电子邮件推广、软文营销广播电台推广等方面进行了梳理，以供相关人士参考使用。

本书理念新颖，可操作性强，是一本餐饮企业管理与操作的实用读本，可供餐饮企业及餐饮从业人员参考使用，也可为有意于餐饮企业的求职者起到穿针引线的作用。

图书在版编目（CIP）数据

餐饮企业软文营销一本通/樊春元主编. —北京：化学工业出版社，2018.4
ISBN 978-7-122-31409-3

Ⅰ.①餐… Ⅱ.①樊… Ⅲ.①饮食业-市场营销学 Ⅳ.①F719.3

中国版本图书馆CIP数据核字（2018）第012452号

责任编辑：陈　蕾　　　　　　　　装帧设计：尹琳琳
责任校对：边　涛

出版发行：化学工业出版社（北京市东城区青年湖南街13号　邮政编码100011）
印　　装：三河市延风印装有限公司
710mm×1000mm　1/16　印张10　字数161千字　2018年4月北京第1版第1次印刷

购书咨询：010-64518888（传真：010-64519686）　　售后服务：010-64518899
网　　址：http://www.cip.com.cn
凡购买本书，如有缺损质量问题，本社销售中心负责调换。

定　　价：49.80元

▶ 前 言

餐饮服务业是通过即时加工制作、商业销售和服务性劳动于一体，向消费者专门提供各种酒水、食品、消费场所和设施的食品生产经营行业。近二十年来，餐饮业是我国城乡发展最快的行业之一，餐厅、饭馆、酒楼鳞次栉比，从业人员数以百万计。随着第三产业的发展，餐饮业还会更加兴旺发达。

现今阶段，餐饮企业竞争日益激烈，消费者也变得越来越成熟，这就对餐饮企业经营者提出了更高的要求。如何做好营销计划，吸引消费者眼球，提高经营效益成为餐饮企业发展的重头戏。同时，食材成本增加了，人工成本增加了，经营场所的租金增加了，人们外出就餐的选择余地也增加了，所以要在激烈的市场竞争中获得一席之地，并能够持久不衰，就必须运用各种手段来推广餐饮店，以获得更大的效益。

软文是基于特定产品的概念诉求与问题分析，对消费者进行针对性心理引导的一种文字模式，从本质上来说，它是企业软性渗透的商业策略在广告形式上的实现，通常借助文字表达与舆论传播使消费者认同某种概念、观点和分析思路，从而达到企业品牌宣传、产品销售的目的。软文营销，就是指通过特定的概念诉求，以摆事实、讲道理的方式使消费者走进企业设定的"思维圈"，以强有力的针对性心理攻击迅速实现产品销售的文字模式和口头传播。比如：新闻、第三方评论、访谈、采访、口碑等。

软文营销是与电视、报纸、杂志等硬板广告相对的一种宣传形式，软文营销是网络营销的重头戏。软文营销着力点在"软"，完全避开硬板广告的生硬、直接，由专业编辑从产品、品牌、市场等方向入手，以悬念、故事、情感、恐吓、促销等多种形式，从第三方角度巧妙结合文章情感与产品关键词，生成软性新闻，以此吸引客户，打动客户。

促销软文可以借助新闻发布平台把软文推广在各大门户新闻网站上，如在新浪、网易、新华、凤凰、腾讯、央视等权威媒体上报道，是树立被网友、媒体、政府、权威机构认可的企业形象的最佳方式。

随着"互联网营销"的兴起，越来越多的企业不断尝试通过博客、微博、微信、论坛、网络媒体来做营销，比如，通过微信公众号做"参与感"，做"粉丝经济"，但是大部分企业却陷入了泥潭——投入巨大、收效甚微。那么，什么样的文章才是能够真正吸引读者的呢？究竟应该如何撰写高质量的营销软文呢？

基于此，我们根据餐饮服务企业销售的需要编写了《餐饮企业软文营销一本通》一书，本书主要从餐饮企业的软文营销基本认知、软文营销标题设计、软文营销写作技巧、软文营销风险防范、软文营销百度推广、软文营销微信推广、软文营销论坛推广、软文营销博客推广、软文营销微博推广、软文营销电子邮件推广、软文营销广播电台推广等方面进行了梳理，以供相关人士参考使用。

本书理念新颖，可操作性强，是一本餐饮企业管理与操作的实务读本，可供餐饮企业及餐饮从业人员参考使用，也可为有意于餐饮企业的求职者起到穿针引线的作用。

本书由樊春元主编，在编辑整理过程中，获得了许多朋友的帮助和支持，其中参与编写和提供资料的有容莉、陈素娥、许华、赵静洁、刘婷、刘海江、唐琼、赵剑琴、邹凤、马丽平、段丽荣、陈丽、林红艺、贺才为、林友进、周波、周亮、高锟、李汉东、李春兰、李景吉、柳景章、江美亮、赵仁涛、谭双可、吴日荣、王高翔、王小红、王春华、赵建学、靳元，最后全书由匡仲潇统稿、审核完成。另外，本书参考了相关书籍和行业网站，在此一并表示感谢！

由于时间和水平所限，书中难免有不足之处，敬请广大读者指正。

编者

▶▶目 录

第一章　餐饮企业软文营销基本认知

第二章　餐饮企业软文营销标题设计

第三章　餐饮企业软文营销写作技巧

第四章　餐饮企业软文营销风险防范

第五章　餐饮企业软文营销百度推广

第六章　餐饮企业软文营销微信推广

第七章　餐饮企业软文营销论坛推广

第八章　餐饮企业软文营销博客推广

第九章　餐饮企业软文营销微博推广

第十章　餐饮企业软文营销电子邮件推广

第十一章　餐饮企业软文营销广播电台推广

参考文献

第一章
餐饮企业软文营销基本认知

学习目标

1. 掌握软文基础知识。

2. 熟悉软文营销的操作流程。

3. 了解餐饮企业软文营销要点。

第一节　软文营销导入

1.1　什么是软文营销

软文营销，就是指通过特定的概念诉求，以摆事实、讲道理的方式使消费者走进企业设定的"思维圈"，以强有力的针对性心理攻击迅速实现产品销售的文字模式和口头传播。如新闻、第三方评论、访谈、采访、口碑等。

软文是基于特定产品的概念诉求与问题分析，对消费者进行针对性心理引导的一种文字模式，从本质上来说，它是企业软性渗透的商业策略在广告形式上的实现，通常借助文字表达与舆论传播使消费者认同某种概念、观点和分析思路，从而达到企业品牌宣传、产品销售的目的。

软文有三种基本类型：新闻型软文、行业型软文、用户型软文。如图1-1所示。

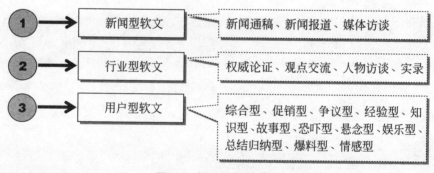

图1-1　软文的三种类型

1.2　软文营销的特点

软文营销的特点如图1-2所示。

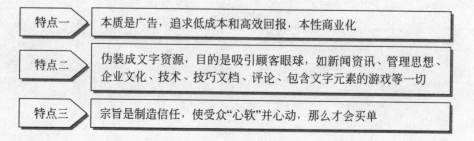

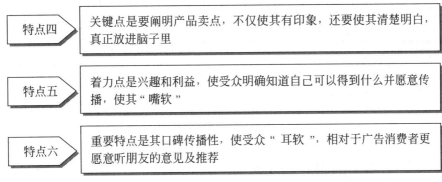

特点四	关键点是要阐明产品卖点，不仅使其有印象，还要使其清楚明白，真正放进脑子里
特点五	着力点是兴趣和利益，使受众明确知道自己可以得到什么并愿意传播，使其"嘴软"
特点六	重要特点是其口碑传播性，使受众"耳软"，相对于广告消费者更愿意听朋友的意见及推荐

图1-2 软文营销的特点

1.3 软文营销的意义

软文营销的意义主要有六个方面，如图1-3所示。

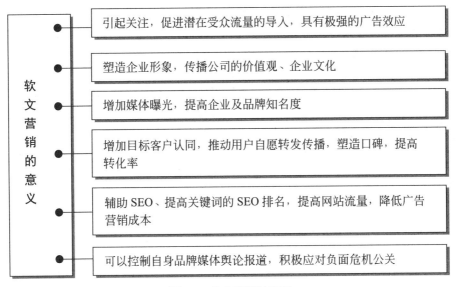

软文营销的意义

- 引起关注，促进潜在受众流量的导入，具有极强的广告效应
- 塑造企业形象，传播公司的价值观、企业文化
- 增加媒体曝光，提高企业及品牌知名度
- 增加目标客户认同，推动用户自愿转发传播，塑造口碑，提高转化率
- 辅助SEO、提高关键词的SEO排名，提高网站流量，降低广告营销成本
- 可以控制自身品牌媒体舆论报道，积极应对负面危机公关

图1-3 软文营销的意义

1.4 软文营销的要点

软文营销在餐饮企业的品牌推广中占据了非常重要的角色，但是相对于其他推广方式而言，软文营销对从业人员的技术要求更高，要求软文可读性高、转化率高，也正是因为这些特点，使做软文营销的时候更应注意几个要点，如图1-4所示。

要点一　软文的精准度

好的软文往往是餐饮企业一个非常好的展示平台，而软文的精准度是软文营销最基本的要求，它可以让很多人通过它多多少少激发对你的网站或者产品的一个好奇心

要点二　软文的关注度

一篇优秀的软文可以让用户自发的产生共鸣，从而使用户通过软文中的产品介绍深入访问餐饮企业。这就是一种软文推广成功的体现

要点三　软文的传播量

每一篇网上推广成功的软文必定不会缺少被广泛的传播、转载，用转载次数来分析推广的成败是最简单的途径，转载次数越大，传播范围就越广，而推广的效果就会越好，结果自然就是成功的

要点四　软文的点击率

网络软文的点击率是评价这篇软文成功与否的一个标准，发布软文之后，推广人员应适当地与读者互动

要点五　软文的引导率

软文推广的目的是提升客户转化率，写软文的目的是引起顾客对餐饮企业的关注从而达到引导消费的目的

要点六　尽可能不要做标题党

有一些人为了能够吸引读者阅读自己的软文，就会在标题上面做文章，也就是成为我们所说的"标题党"。虽然软文营销的标题非常重要，但是也不能为了骗点击率而文不对题

要点七　不要为了营销而写软文

写作软文的最高的层次是要在软文当中悄无声息地做广告，让读者根本就不知道已经被你的软文影响了。所以在写软文的时候应注意，既不能不加入广告也不能加得太明显了

图1-4　软文营销的要点

1.5　软文营销常见的类型

软文营销常见的类型如图1-5所示。

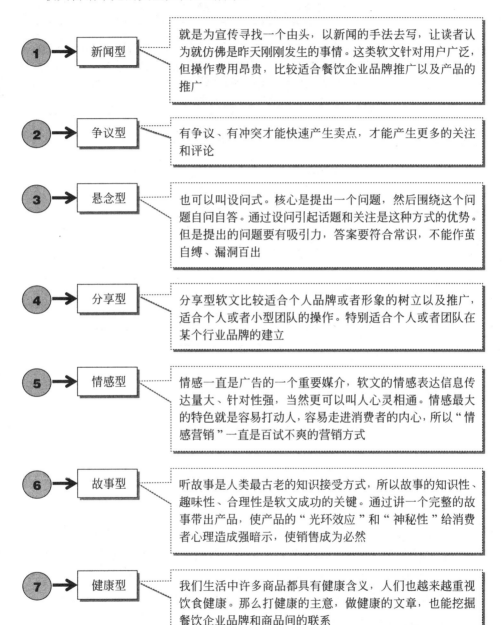

1 新闻型　就是为宣传寻找一个由头，以新闻的手法去写，让读者认为就仿佛是昨天刚刚发生的事情。这类软文针对用户广泛，但操作费用昂贵，比较适合餐饮企业品牌推广以及产品的推广

2 争议型　有争议、有冲突才能快速产生卖点，才能产生更多的关注和评论

3 悬念型　也可以叫设问式。核心是提出一个问题，然后围绕这个问题自问自答。通过设问引起话题和关注是这种方式的优势。但是提出的问题要有吸引力，答案要符合常识，不能作茧自缚、漏洞百出

4 分享型　分享型软文比较适合个人品牌或者形象的树立以及推广，适合个人或者小型团队的操作。特别适合个人或者团队在某个行业品牌的建立

5 情感型　情感一直是广告的一个重要媒介，软文的情感表达信息传达量大、针对性强，当然更可以叫人心灵相通。情感最大的特色就是容易打动人，容易走进消费者的内心，所以"情感营销"一直是百试不爽的营销方式

6 故事型　听故事是人类最古老的知识接受方式，所以故事的知识性、趣味性、合理性是软文成功的关键。通过讲一个完整的故事带出产品，使产品的"光环效应"和"神秘性"给消费者心理造成强暗示，使销售成为必然

7 健康型　我们生活中许多商品都具有健康含义，人们也越来越重视饮食健康。那么打健康的主意，做健康的文章，也能挖掘餐饮企业品牌和商品间的联系

图1-5

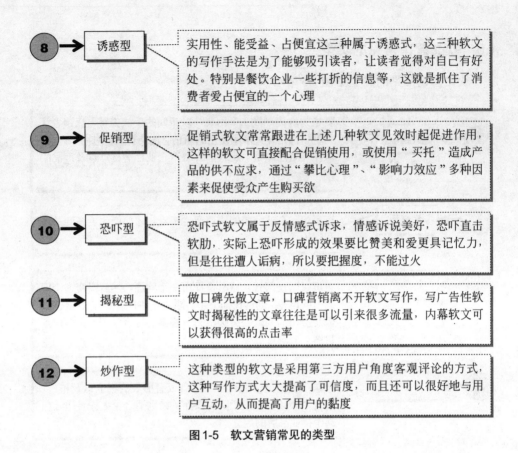

8	诱惑型	实用性、能受益、占便宜这三种属于诱惑式，这三种软文的写作手法是为了能够吸引读者，让读者觉得对自己有好处。特别是餐饮企业一些打折的信息等，这就是抓住了消费者爱占便宜的一个心理
9	促销型	促销式软文常常跟进在上述几种软文见效时起促进作用，这样的软文可直接配合促销使用，或使用"买托"造成产品的供不应求，通过"攀比心理"、"影响力效应"多种因素来促使受众产生购买欲
10	恐吓型	恐吓式软文属于反情感式诉求，情感诉说美好，恐吓直击软肋，实际上恐吓形成的效果要比赞美和爱更具记忆力，但是往往遭人诟病，所以要把握度，不能过火
11	揭秘型	做口碑先做文章，口碑营销离不开软文写作，写广告性软文时揭秘性的文章往往是可以引来很多流量，内幕软文可以获得很高的点击率
12	炒作型	这种类型的软文是采用第三方用户角度客观评论的方式，这种写作方式大大提高了可信度，而且还可以很好地与用户互动，从而提高了用户的黏度

图1-5　软文营销常见的类型

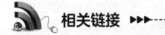 相关链接 ▶▶▶ ---

浅谈未来软文营销的发展趋势是什么

从某种层面上来讲，软文营销属于内容营销的一种形式。广义上的内容营销包容万象，比如常见到的电视剧、电影内容的产品漏出，现在比较火爆的直播中，主编对产品的带出、品牌的穿插等都属于内容营销的一种方式。内容营销在何时都并不过时，而且会成为主流的发展方向，看2017年各平台非常重视内容分发，其实也是更加重视内容营销。传统的硬性广告，容易让用户产生反感，不仅成本高，做不好还有反面影响。2015年网上兴起的成龙大哥"Duang"搞笑视频就是个例子，过分夸张的宣传产品很可能弄巧成拙。而软文营销恰恰弥补了硬性广告的缺陷，以绵里藏针的效果引导消费者进入软文陷阱当中。

1.软文营销的崛起

近代国内软文营销，从史玉柱先生成功利用报纸媒介推广脑白金软文开始为大家所熟知。在千禧年后，国内互联网产业迅速崛起，传统媒体已经难敌互联网媒体的发展，原有的传统媒体纷纷推出自己的新闻网站，而商业性的整合新闻四大门户网站也在此崛起。互联网已经成为传播信息的第一渠道，软文营销正式融入互联网当中。

2.软文营销与互联网

近几年，互联网仍然保持高速成长，互联网移动化趋势、自媒体的兴起都给软文营销注入了新的动力。而传统互联网媒体流量也正逐渐被分发至移动端、自媒体渠道。面对新的潮流，未来软文营销的趋势是什么样的呢？我们应该如何把握新潮流，玩转软文营销？

趋势方面并不难理解，移动端和自媒体是必须要掌握的两方面关键。这体现在餐饮企业在某网站投放软文选择媒体时，可以适当地选择一部分移动端和自媒体渠道的软文发布。比如搜狐媒体、百度百家，从百度搜索引擎上来讲，都给予了很高的权重。尤其是百度取消原有新闻源机制后，百度百家被纳入到新的新闻源数据库当中，给予了很好的展现方式。而今日头条、腾讯客户端两大移动端新闻类APP也是我们需要投放的主要渠道。

3.移动端和自媒体渠道软文

在移动端和自媒体渠道投放软文，对软文内容有了更高的要求，尤其是在今日头条和腾讯新闻客户端上投放软文，软文的质量直接决定了软文推送量和最终的阅读量。什么才是高质量的软文内容？答案就是：用户感兴趣的内容。在以往PC端媒体发布软文时，大家乐此不疲地撰写一些产品宣传文案，为的是在用户搜索关键词时，能在搜索引擎上露出自己的软文。而在移动端，情况有所不同，如果你投放的全是一些直白、露骨的产品宣传内容，内容分发系统也会判定为广告内容，直接降低推送量。但是如果是一些例如悬疑类软文、实用性评测软文、巧借热点的软文植入，都是非常受欢迎的文章。比如，在原来我们撰写软文时，恨不得把自己的产品夸到天上。而在移动端和自媒体上发布的软文，我们需要多站在用户角度考虑问题，为用户提供实用的解决方案为前提，同时兼顾自己的产品带出。

总的来说，软文营销未来发展趋势仍然乐观，并且深受大家的喜爱，一定程度上效果要优于硬广，毕竟软文营销的成本足够低，而且入门门槛低，小企业也可以接受。只要你用心，软文营销会给你最好的回报。

第二节　餐饮企业软文营销

2.1　餐饮企业销售现状

我国餐饮企业在发展过程中面临着种种挑战并遭遇困境，特别是随着网络的发展，"酒香不怕巷子深"的时代已经过去，餐饮企业想要更好的发展就需要做好推广工作。

餐饮企业销售现状主要表现在几个方面，如图1-6所示。

现状一	消费者很容易受到环境氛围的影响。在饮食上他们不太注重食物的味道，但非常注重进食的氛围和环境。满足顾客的需要是营销的核心也是餐饮环境设计和管理的重点
现状二	餐饮业讲究树立特色品牌，吸引消费者，扩大规模，增强市场占有率。已经有越来越多的餐饮企业意识到品牌的重要性，并开始注重品牌经营，加快餐饮业现代化发展的步伐
现状三	树立健康的餐饮文化理念，以人为本，本着爱员工、爱顾客，顾客至上、真诚待客、一视同仁的思想，唤起顾客和社会公众的广泛认同，强化餐厅的品牌形象，提高餐厅的知名度和美誉度
现状四	运用媒体、讲座、公益广告等宣传方法，提高个人的消费知识水平，理性选择，慎重决策

图1-6　餐饮企业销售现状

2.2　餐饮企业软文营销传播方式

餐饮企业软文营销的传播方式主要有三种，如图1-7所示。

方式一　媒体自身传播

这种传播方式是软文发布媒体本身的传播，也是最基本的传播方式，还是大家比较好理解的传播方式。这种展现方式传播效果好的一个重要要求就是媒体本身的流量大，这就是企业营销者优选门户网站

方式二　搜索引擎二次传播

除了软文本身的传播方式之外，最重要的一种传播方式就是搜索引擎的二次传播。这里有两种：其一，搜索引擎的网页快照传播，就是为了某些关键词能排到百度的前面，利用软文来做信息优化；其二，搜索引擎的新闻源传播

方式三　媒体相关新闻传播

即软文二讨论菜品的色香味，而之前软文一内容相关或者相近，那么软文二页面上同样会展示软文一，可能在相关新闻或者推荐新闻的位置

图1-7　软文营销的传播方式

2.3　餐饮企业软文营销标题设计

1.软文标题设计要点

标题设计要点如图1-8所示。

图1-8　标题设计要点

（1）网上流行什么。做好软文营销要具备话题敏感度，首要关注网络事件，可以运用各大搜索引擎的搜索风云榜。如图1-9所示百度搜索页面截图。

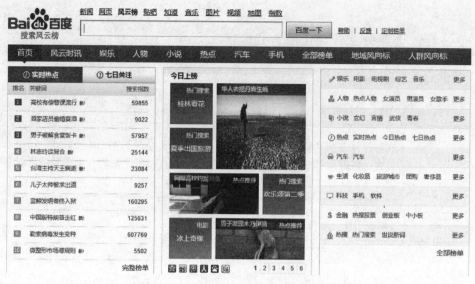

图1-9 百度搜索风云榜首页截图

（2）客户关心什么。餐饮企业营销首先要抓住客户心理，针对客户侧重的利益点销售。软文标题设计同样要针对受众所关心的问题，这样才能抓住受众眼球。

2.软文标题的撰写方法

餐饮企业营销软文常用的撰写方法如图1-10所示。

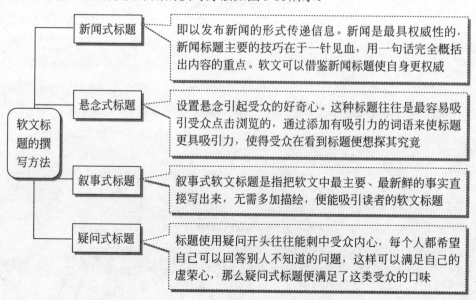

图1-10 软文标题的撰写方法

范本01　掌柜的店的营销软文 ▶▶▶--------------------------------------

掌柜的店的营销软文

传说在3600年前的中原地带，有一位隐世高人，未曾出现在琅琊榜，却也在民间街坊邻里相交于耳，他是一位叫伊尹的长须老人。

商相伊尹，有着中国烹饪之圣的名号，河南开封人，中华厨祖，豫菜开创先人。以数十种技法炮制数千种菜肴，其品种技术南下北上影响遍及神州大地。然而关于他的出生，民间传说纷纭不一，有一种是这么说的。

伊母住在伊水岸边的一个小村庄，怀孕九月。

某日，她梦见天神对他说："如果你看见井里涌出水来，那就是洪水将近，你要马上往东跑，千万不要回头。"

次日，她果然看见井里出了水，十分吃惊，立刻告诉家人和邻居，说大洪水马上就来了，让大家快跑。

人们看见外面风和日丽，万里晴空，都不相信会有洪水到来，谁都不肯离开家园。

她只好独自往东跑，跑啊跑，足足跑了十几里，忽然听见后面传来洪水的咆哮声，还有人们撕心裂肺的哭叫声；她忍不住回头一看，发现身后已经是一片汪洋。

因为她回头破坏了天神的法力，她也被洪水吞没了。

她变成了一棵中空的桑树，她的儿子就出生在中空的桑树里。

桑树载着婴儿随波逐流，一直漂流到有莘国（今山东菏泽），被一位厨师救回收养。

伊尹随厨师养父长大，练就一身厨艺，极高厨艺天赋加后天勤学苦练，独创一套厨方，便想推至全国大地。

欲借中原之地利，得四季之天时，调和众口，包容五味。

听师傅（养父）之言，找到散落民间的五味鼎，便能烹饪出绝世饕餮、人间佳肴。于是少年伊尹下山探寻。

出门之前，师傅告知他五味鼎在神州东方的一片角落，而且那里高手遍野，想要找到五味鼎，绝非易事。

一路穿山涉水，寻人问路，忽然在前方遇见一行人在混战斗武，其中一位武艺高超的人，停下厮杀，拦住伊尹的去路，问道：

伊尹生性单纯耿直，也不知江湖情况，便如实回答，说了来历：

这下没说完，那边又来了几位气势汹汹的长者，大声喝道：居然在我们面前号称高手。

原来这几位斗武的前辈个个都来头不小，都是厨艺的各方门派的掌门，东南西北，从来不服彼此，经常约在一起，比较个高低，称霸厨林。

北方菜系门派代表：北咸少。擅长绝技：回咸透骨霸王枪。以咸以重口味著称，此招一出，北方汉子基本无法招架。

南方菜系门派代表：南甜妞。擅长绝技：甜言蜜语夺魂剑。大招一亮，南方少年姑娘都悉数被俘虏。

东方菜系代表：东辣公。擅长绝技：香辣无双穿肠刀，一刀就让你无法自拔。

西边菜系代表：西酸婆。擅长绝技：酸不溜丢连环掌，让人欲推还休，纠结而又想尝试。

　　伊尹少年见识了各位江湖前辈的大招之后，回想了一下师傅描述的拥有五味鼎的高手所具备的特征。

　　那位高手集众家之所长，学富五车，见多识广，融会贯通。

　　春天时候，能收集鲜花的精粹，自酿成驻颜青春的花茶。夏日，挑选饱满日照的五谷豆子，反复研磨，烹压制成鲜嫩豆腐。秋风瑟瑟，秘制汤料，将辣椒与丝滑鸡肉融合，香酥的面粉棒棒蘸汁水，回味无穷，有小时候的味道。冬日飘雪，将食材融合炭火，温暖人心。

几位江湖大佬，听了伊尹的阐述，貌似有所察觉，他们在江湖奔走几十载，联想到了曾经听说过的一个地方。

互相对视了片刻，其中一位长者顿然说起："难道是他？？？"

隐居九年，不断精进自己的掌上功力。

不断推陈出新，融会贯通，当前的时尚与历史的醇厚相结合。

万物归宗，道法自然，将天地食材的灵气与手艺结合，表里如一。

伊尹马上问道：“前辈知道刚才所说的高手现在何处？”

“就在东边。”遥指向不远处。

于是乎，一大帮人马一起马不停蹄地赶了过去。

来到了似乎是描述的地方。

门前小二看到来了客人，便迎接了上来

进去参观了一番，环境果然不一般，醇厚而不失典雅，一行人坐下，想验证到底是不是所找之地，便要小二点上几道招牌菜。

不尝则已，一尝就惊喜万分，原来这样的味道就是想要找寻的融合东西南北的味道。

几番恳求，请出了后厨的高手，也在后院发现师傅所说的五味鼎。

伊尹少年，就在这里继续锤炼厨艺，说服了各位前辈，集合众家之所长，将各方精选口味融合一起，兼具南北特色，烹调出脍炙人口的美味。

这篇软文讲了伊尹寻五味鼎的故事，借用中华厨祖伊尹之名讲新的故事，勾起读者阅读兴趣，同时给读者这家餐厅很厉害的感觉。

 章后小结

通过本章内容，您学到了什么？

1. ＿＿＿＿＿＿＿＿＿＿＿＿＿＿＿＿＿＿＿＿＿＿＿＿＿。

2. ＿＿＿＿＿＿＿＿＿＿＿＿＿＿＿＿＿＿＿＿＿＿＿＿＿。

3. ＿＿＿＿＿＿＿＿＿＿＿＿＿＿＿＿＿＿＿＿＿＿＿＿＿。

您还有什么疑惑？

1. ＿＿＿＿＿＿＿＿＿＿＿＿＿＿＿＿＿＿＿＿＿＿＿＿＿。

2. ＿＿＿＿＿＿＿＿＿＿＿＿＿＿＿＿＿＿＿＿＿＿＿＿＿。

3. ＿＿＿＿＿＿＿＿＿＿＿＿＿＿＿＿＿＿＿＿＿＿＿＿＿。

请根据本章内容完成一篇软文。

1. ＿＿＿＿＿＿＿＿＿＿＿＿＿＿＿＿＿＿＿＿＿＿＿＿＿。

2. ＿＿＿＿＿＿＿＿＿＿＿＿＿＿＿＿＿＿＿＿＿＿＿＿＿。

3. ＿＿＿＿＿＿＿＿＿＿＿＿＿＿＿＿＿＿＿＿＿＿＿＿＿。

第二章
餐饮企业软文营销标题设计

1.掌握软文标题的类型与写作要求。

2.软文标题写作注意事项。

3.软文标题写作误区。

第一节 软文标题

1.1 软文常见标题

常见的软文标题类型有以下几种，如图2-1所示。

类型一 ▷ 对比型软文标题

这类软文标题通过与自己或同行进行比较，来显示自己的优越性，使读者对软文所要宣传的产品或服务的独到之处有深刻的认识

类型二 ▷ 数字型软文标题

用具体或特定数字来突出内容，达到意想不到的效果，即利用数字给受众带来心灵上的震撼，使之产生好奇，进而寻找答案

类型三 ▷ 疑问型软文标题

疑问式的标题通过寻求帮助或提出疑问容易让受众产生共鸣性，或者激起受众帮助的欲望，从而达到吸引受众阅读的欲望

图2-1 常见的软文标题类型

 范本02 一口甜蜜泡芙 一生幸福滋味 ▶▶▶ ------------------------------

一口甜蜜泡芙 一生幸福滋味

"一口甜蜜泡芙，一生幸福滋味"是小宝泡芙时代的标语。

小宝的泡芙时代类似工作室的性质，所有泡芙、蛋糕卷、完整的蛋糕等标榜纯手工制作，曾经订过抹茶蛋糕，真的很好吃。

店在××区××二期，在地铁××线××站和××站之间，旁边是××饮料店。小小的店面，装修温馨舒适，有家的感觉；一

进门的左手边是四人圆桌，右手边是半沙发座，分别是两人位和四人位，正中间是收银台和冰柜，一抬头就能看到吊着几盏灯，上面贴着搞怪的表情。

草莓蛋糕卷本来是完整的，下单后才帮你切成四块，蛋糕体蛮扎实的，口感软软的，里面有新鲜的草莓，搭配绵密的奶油，整个好吃到飞起；蜜桃酸奶小小的一个，里面有蜜桃粒和椰果粒，酸奶不算是特别浓稠的质地，跟一点点酸酸的酸奶搭配在一起很讨喜。

店员服务超级好的，不会因为是团购就有所怠慢，主动询问需要什么口味的蛋糕卷和酸奶，打包速度很快，全程笑容满面。

如果有空，这里蛮适合发呆放松一下的，安静且舒适。

这篇软文的标题把泡芙与幸福联系在一起，读者看到标题就会有这样的思考：什么样的泡芙会让人感到幸福呢？这就勾起了读者阅读的欲望。

1.2　软文标题的要求

软文标题拟定要求主要有十个方面，如图2-2所示。

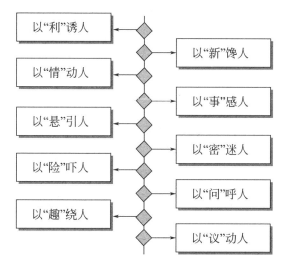

图2-2　软文标题的要求

当然，一篇软文不可能满足所有的要求，只要符合其中几点便足以成为一篇优秀的软文了。

按图2-2中十个要求具体操作如表2-1所示。

表2-1　软文标题的写作技巧

序号	事项	具体内容	示例
1	以"利"诱人	软文一般都是商家发布宣传产品、品牌的文章，所以一定在标题中就直接指明利益点，让受众知道自己可得到什么，以"利"诱人，增加点击	送228元双人套餐，说出那些未完成的梦想
2	以"新"馋人	新鲜的事物总是更能使人感兴趣，这是人之常情。把握住这个特征，写出具有"新"闻价值的软文，往往会更吸引受众眼球，特别是在网络传播的时候，可以获得更多的转载。关于新的常用词语包括：惊现、首度、首次、领先、创新、终于等	无印良品全球首家创意餐厅落地中国，在MUJI吃大盘鸡是种什么体验？
3	以"情"动人	人都是有感情的，亲情、友情、爱情，那么借助感情，在软文标题抓住一个"情"字，用"情"来感动读者，往往能吸引受众注意力	一人食，念念不忘的还是这一家拉面
4	以"事"感人	人都是喜欢听故事的，故事也是一直陪伴人从小到大，甚至人们看一些新闻都是更注重其故事性，而故事型软文标题也更容易感动人，吸引人阅读	餐厅换个颜色，营业额竟提升20%
5	以"悬"引人	这类标题应具趣味性、启发性和制造悬念的特点，即在标题上埋下伏笔，使读者因为惊讶、猜想而阅读正文，并能引发正文作答	你还没开始？这些外卖商家，竟然把一张纸玩出了花
6	以"密"迷人	人们喜欢听到各种真相，人类的求知本能也让人们更喜欢探索未知的秘密，于是揭秘的标题往往更能引发关注。常用关键词：秘密、秘诀、真相、背后等	"网红餐厅"的惊人秘密："雇人排队"是常态
7	以"险"吓人	恐吓式标题最早是通过恐吓的手法吸引读者对软文的关注，引发共鸣，后期这种恐吓手法也开始转变为陈述某一事实，让别人意识到他从前的认识是错误的，或者产生一种危机感	自助素食餐厅试运营首月虽然亏损但好于预期
8	以"问"呼人	软文标题如何让读者感觉更亲近，最简单的方法莫过于打招呼，就如中国人见面就会问的一句话，"吃了吗"，显然，以对话、发问的形式，或者直呼其名的方式往往更能吸引读者的目光，甚至可能一些不是你发问的人群会因为奇怪，相反会关注到这篇软文	它为何这么想进中国市场？曾经败走，9年后回归，这次可以活多久？

续表

序号	事项	具体内容	示例
9	以"趣"绕人	一个好的软文标题，读者阅读后往往会过目不忘，这个就得益于软文创作者所使用的语言，生动、幽默、诙谐的语言可以将标题变得活泼俏皮，恰当地运用修辞手法、谐音的效果，可以令读者读后回味无穷，甚至乐意进行口碑传播	不想做好粤菜的不是好的清真餐厅
10	以"议"动人	建议性的标题是人们经常看的标题，特别是做促销活动时候，这样的带有鼓动性的标题更为多见，但是建议性的标题要想跳出常规，需要下一番苦功	值得拥有，北海道全蟹宴

第二节　注意事项

2.1　软文标题的写作

软文标题写作应注意以下几点内容，如图2-3所示。

事项一　符合软文本身的内容

有些软文的标题和内容非常不符，这是典型的标题党，这样的软文是不会有稳定的排名的。所以，标题拟定的第一个原则就是符合软文的内容

事项二　如何抓住客户的眼球

在拟定标题的时候，不仅要考虑软文内容，还必须考虑如何去抓客户的痛点，只有当您真的抓住了他的痛点，才会吸引他来点击阅读软文

事项三　考虑搜索引擎的抓取和排名

软文发布之后，是需要被百度等搜索引擎抓取到并取得理想的排名的，只有这样才能持续地获得点击量，所以在拟定标题的时候，就必须考虑搜索引擎的抓取

事项四　凝炼客户需求并概括

将客户的需求以关键词形式在标题里体现。客户的需求越明确，那么软文的标题也就越长，这时就需要提炼关键词

图2-3

事项五　题目中体现时效性

体现时效性的软文，不仅仅可以被更快速地收录，而且还可以更加吸引人们的眼球

事项六　锁定用户最常用的关键词

很多时候，商家的产品名字太长，特别是一些进口产品，这时就有很多人去用缩写来搜索

事项七　重要内容放在前面

软文标题有时候会比较长，那么就需要将重要的内容放在前面，既可以充分展示软文的核心内容，又可以获得更好的排名机会

事项八　擅用问号

设计软文标题时可以多用疑问句或反问句，从而引起读者的好奇心，如《××年餐饮界八件大事对你有影响吗？》读者会首先想是什么事呢

图2-3　软文标题写作注意事项

2.2　软文标题的误区

软文标题常见的几大误区如图2-4所示。

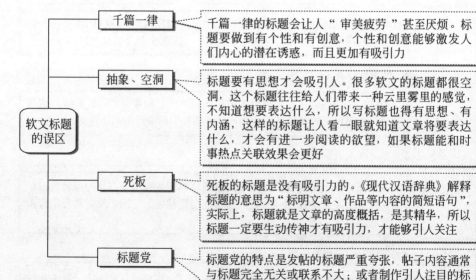

软文标题的误区

千篇一律　　千篇一律的标题会让人"审美疲劳"甚至厌烦。标题要做到有个性和有创意，个性和创意能够激发人们内心的潜在诱惑，而且更加有吸引力

抽象、空洞　　标题要有思想才会吸引人。很多软文的标题都很空洞，这个标题往往给人们带来一种云里雾里的感觉，不知道想要表达什么，所以写标题也得有思想、有内涵，这样的标题让人看一眼就知道文章将要表达什么，才会有进一步阅读的欲望，如果标题能和时事热点关联效果会更好

死板　　死板的标题是没有吸引力的。《现代汉语辞典》解释标题的意思为"标明文章、作品等内容的简短语句"，实际上，标题就是文章的高度概括，是其精华，所以标题一定要生动传神才有吸引力，才能够引人关注

标题党　　标题党的特点是发帖的标题严重夸张，帖子内容通常与标题完全无关或联系不大；或者制作引人注目的标题来吸引受众注意力，点击进去发现与标题落差很大而又合情合理，以达到增加点击量或知名度等各种目的。好的标题应与内容相呼应，要"华而有实"

图2-4　软文标题的误区

那么写好一篇软文，首先在其标题上要下功夫，应做到图2-5所示几点。

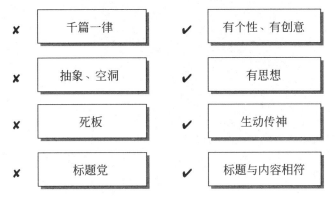

✘ 千篇一律　　✔ 有个性、有创意

✘ 抽象、空洞　　✔ 有思想

✘ 死板　　✔ 生动传神

✘ 标题党　　✔ 标题与内容相符

图2-5　拒绝软文标题误区

范本03　香蜜湖美食城里的另一片绿洲 ▶▶▶

香蜜湖美食城里的另一片绿洲

其实这家店阿迪媞（Aditi's House）之前也有在社区做过下午茶活动，路也推荐这家说还不错，所以选择在一个风和日丽的周末来试试，另外，它在点评上有价值118元的单人套餐。

环境：从门口进去，仿佛置身于丛林，搭配蒙古包造型的帐篷，很有意境。

听说这里不时会被婚礼包场。

食物：提前预约过，所以上菜速度比较快。

生态养生金奶茶：28元。

厨师特调金奶茶，金色看起来有种油油，喝起来却有花香味儿。

手工牦牛酸奶：8元。

餐前第一道先上的酸奶，对于一大早没进食的我来说，这杯酸奶奶味不重，但够浓稠，足以当作清清肠子的调理剂。酸奶上面还有一层薄薄的焦糖片包裹着。

有机田园沙拉：38元。

玉米、胡萝卜、西兰花、甜椒（双色），搭配沙拉酱，第二道上来的前菜，我一个拍照时间，小伙伴那碟已所剩无几。

秘制法式烤羊扒：78元。

两块羊小扒，肉质肥而不腻、不膻（虽然我不爱吃肥肉勉强还是吃了点），搭配的烤肉酱单配白饭也觉得美味，如果能上一小碗那种当蘸酱就好了。

应季果汁：28元。

这次是芒果汁，喝的时候能感受到纯芒果无添加，相当浓郁的纯芒果榨出来的。

应季水果：8元。

商家这次采购的哈密瓜不够甜呀。

焦糖布蕾：32元。

出炉时热乎乎的，布蕾只有整个杯子的1/3，单凭一个布蕾能感受到店家的诚意，很扎实的口感。

在片尾再放几张环境图当结尾好了。

这篇软文的标题是"香蜜湖美食城里的另一片绿洲"，众所周知，在沙漠里，绿洲就代表着希望，那么美食城里的绿洲代表着什么呢？这样的标题使读者有了探索的欲望。正文从顾客的角度出发，写出了餐厅环境、菜品，更能使读者感同身受。

范本04 【体验券】寿司大双人餐免费抢 ▶▶▶

【体验券】寿司大双人餐免费抢

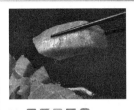

一、活动小贴士

报名门槛（以下条件必须全部满足）；

仅限【深圳】会员，将常居地设为【深圳】，即成为【深圳】会员。

二、提高抽中率Tips

1.报名期间写过点评，且分享活动至微博、QQ空间、微信。

2.试吃/体验完毕后，有写下点评记录的。

3.近期有过团购购买行为的。

4.持续不断报名活动、加入鹏城吃喝玩乐、经常发帖回帖！

5.参与非新美大、商户之外的第三方平台活动视为放弃同城活动资格。

三、活动规则

（1）通知：活动中奖会通过APP、微信通知，回复办法请严格按照以下标准执行。

① 体验券。不参加请回复拒绝，超时无效；未回复超时回复视参与活动。

② 同城聚会，参加必须通过APP、微信公众号确认（若确认后临时有变动，请在活动开始前6小时内向客服或带头大哥请假，否则算无故缺席）。

（2）请注意查收站内信，如有任何疑问或者遇到特殊情况不能参加此次活动，请务必提前一天电话通知领队！无故缺席者将会被加入黑名单。活动限本人参与，谢绝出现替代、转让的现象，一经发现，将取消接下来一年的参与活动资格，请被抽取的会员珍惜机会。

（3）发奖。名单公布后3个工作日内会通过APP+微信公众号发放中奖凭证；一旦遗失概不补发。

（4）预约。收到验证码后，按照活动页面规则提前预约或无需预约（请勿在收到电子券前私自联系商户）。

（5）作业。体验结束后，记得写您对该商户公正、客观、真实的点评哦。

（6）超出活动现金券/套餐券/体验内容范围的消费，由会员自行承担。

（7）如因商户原因导致活动无法正常进行，将不予以赔偿。

四、关注我们

※加入会员QQ群：××××××，随时随地了解免费信息！

※关注微信号：××××，中奖啦，这是最迅速的提醒。

※及时方便接收中奖信息，请下载APP。点击立即下载>>>

温馨提示：活动体验结束后1周内不写点评者将做拉黑处理，影响下次抽中概率！

※和【点小二～深圳】，做朋友吧，点小二微信：××××。

五、活动内容

（一）活动详情

【V-专享】寿司大双人餐免费抢。

体验内容：由寿司大提供的美食体验。

1.前菜2种（煮秋刀鱼、煮冬瓜）。

2.刺身（金枪鱼、油干鱼、甜虾、章红鱼、火焰醋青鱼）。

3.炸物（冬菇、红薯、虾、白身鱼紫苏梅肉）。

4.烤物（鸟蛋烟肉卷2个、多春鱼2条、牛油煎鲍鱼）。

5.煮物（白萝卜、鹅肝、元贝）。

6.蒸物（日式蒸鸡蛋）。

7.寿司（金枪鱼腩、油干鱼、鸡蛋、火焰石斑鱼）。

8.汤物（日式海鲜汤）。

9.甜品（果味慕斯）。

共计：800元

（二）活动说明

1.周一至周日。

2.仅限堂食。

3.法定节假日是否正常接待请咨询商户，以商户回复为准。

（三）预约信息

1.请提前1天预约。

2.预约电话××××××。

（四）温馨提示

（1）体验结束完成150字并上传3张图片以上的点评～有助获取积分并提升中奖率哦！

（2）活动体验结束后1周内不写点评者将做拉黑处理，影响下次抽中概率（请关注微信号确保及时收到中奖信息，现已取消短信通知）！

（3）如发生商户倒闭等不可控因素，将取消活动，不予补偿，不影响其他活动中奖率。

（4）请大家尽早预约哦，如因活动快结束了才致电商户，可能会出现预约不到的情况哟～届时工作人员也无法帮你协调预约时间哦～。

活动图片

这篇软文是餐饮企业活动推广软文，标题里体现"免费抢"的字眼，典型的"以利诱人"型标题。

 章后小结

通过本章内容，您学到了什么？

1. _____。

2. _____。

3. _____。

您还有什么疑惑？

1. _____。

2. _____。

3. _____。

请根据本章内容完成一篇软文。

1. _____。

2. _____。

3. _____。

第三章
餐饮企业软文营销写作技巧

第一节 软文写作

1.1 软文开头的写法

好的开始是成功的一半，这样的道理我们从小学写作文就明白，而现在同样可以用来形容软文写作，好的开头是吸引受众阅读的资本。那么怎样才能写好软文的开头呢？

软文开头常用的写法有以下几种，如图3-1所示。

> **写法一** 开宗明义，直奔主题
>
> 直接引出文中的主要人物、事件、内容，或揭示题旨或点明说明的对象。用这种方式开头，一定要快速切入中心，语言朴实，不拖泥带水

> **写法二** 情景导入
>
> 在开头有目的地引入或营造软文行文目标所需要的氛围、情境，以激起读者的感情，调动读者的阅读兴趣。用这种方法去写开头，对于渲染氛围、预热主题有直接的效果

> **写法三** 引用或自创经典
>
> 用合适的名人名言、谚语、诗词等做文章的开头，既显露了文采，又能提高软文的可读性。或者精心设计一个短小、精练、扣题又意蕴丰厚的句子，引领文章的内容，凸显文章的主旨及情感

> **写法四** 巧用修辞
>
> 用修辞手法写开头会非常容易，还可以演变出很多开头的方式，并更容易引起注意。常用的修辞手法是反问、设问、夸张、比喻、比拟、借代、对偶、排比

图3-1 软文开头常用的写法

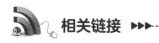 **相关链接** ▶▶▶ --

八招教你撰写餐饮软文开头

在创作餐饮企业软文的过程中，最重要的是选好所要表达的软文主题。这个主题是和新颖的创意相伴相生的。创意是主题的灵魂。没有一个好的创意，主题就不会别具特色。一般来说，写作餐饮软文可以采取以下八种形式作为软文开头，以顺利实现表现主题的目的。

1.介绍知识性问题开头

这类软文从讲解一个菜品做法入手，"什么是……"，"怎样才能……"等，打开软文的话题，使读者产生求知欲。

2.以品牌故事开头

一般来说，人们对一些产品都有一种知晓或了解的欲望，谁都想跟上时代潮流。那么可以通过讲餐饮企业的诞生故事，引出餐饮界的竞争和自己菜品的优势，彻底俘获读者的芳心。

3.温情似水的开头

诗意的画面，缠绵的思念，令情感一族的读者随着你的讲述而一会儿喜，一会儿悲，一会儿眉头紧蹙，一会儿开怀大笑。不知不觉，他已经看完了你软文的多半部，后半部他也欲罢不能。

4.危言耸听式开篇

通过几句恐怖的话语，或者揭露黑暗的事物，吸引读者注意，或者调动读者的愤怒情绪。俗语说，好事不出门，坏事传千里。一些读者的"逐臭"心理正好需要我们的软文给予适当的满足。

5.传播消息式的开篇

当然这个消息可以是公众已经知晓的，比如："听说了吗？ ××餐饮企业又搞活动了！"也可以是作者虚构的，比如："快来看看吧，××餐饮企业要在××市开店。"

6.传授个人经验式的开篇

比如自己是如何在众多餐饮店里找到最好吃的美食的。

7.以评价别人的优劣而开篇

或鼓励、或褒奖、或批评、或建议，开门见山，明确自己需要肯定的事物，或者需要否定的做法。比如：××餐饮企业的服务非常好，他们是这样做的……

8.新闻报道式的开篇

可以平铺直叙，也可以找个新闻由头加以扩展，这类软文多数是消息型的，其中穿插自己需要表现的内容，进而突出自己的软文主题。

最后，提示大家，软文的创作一定要考虑读者的知识结构和接受能力，尽量采取通俗易懂的方式，贴近读者的心理。任何令读者读不懂，或者读不下去的软文都不是成功的软文。

1.2 软文正文的布局

1.什么是软文布局

软文布局，就是软文撰写中对素材、文字和标点符号及数字的排兵布阵，是把文章中的所有材料、作者的认识，按照软文的中心思想和行动目标，合理地排列，组合成一个完整而和谐的整体。简单来说，就是文章的结构、组织形式，也就是段落安排。

2.常用的软文布局方法

软文布局常用且好用的方法有以下几种，如图3-2所示。

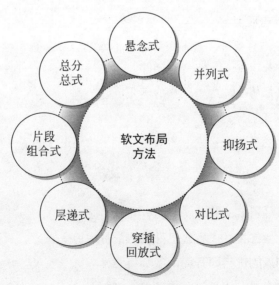

图3-2　软文布局方法

（1）悬念式。悬念，即设置疑团，使读者产生急切的期盼心理，借以激发读者的阅读兴趣，然后在适当的时机揭开谜底。

制造悬念常用以下三种形式，如图3-3所示。

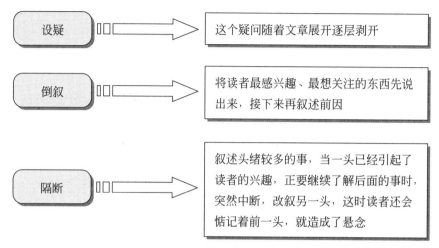

图3-3 如何制造悬念

（2）抑扬式。用这种方法可以使文章情节多变，形成鲜明对比，更能引人入胜。

"抑扬"是记叙类文章写作中常用的一种技巧，可分为欲扬先抑和欲抑先扬两种情况。欲扬先抑，是先褒扬，但是不从褒扬处落笔，而是先从贬抑处落笔，"抑"是为了更好地"扬"。欲抑先扬正好相反。

（3）穿插回放式。穿插回放式记叙类文章，利用思维可以超越时空的特点，以某物象或思想情感为线索，将描写的内容通过插入、回忆、倒放等方式，形成一个整体。具体操作上就是选好串起素材的线索，围绕一个中心截取组织材料。

（4）片段组合式。这种方式就是选择生动的、典型的片段，并有机地组合起来，共同表现一个主题。用这种方法构思的记人叙事的文章，可以在较短小的篇幅内，立体而多角度地表现文章主旨。

（5）并列式。当软文写作对象为横向的、静态的时一般运用并列式展开。此时各部分相互间无紧密联系，独立性强，但共同说明主题。这种方法的优点是概括面广，条理性强，能把一个问题从不同角度、不同侧面进行阐述。

并列式的素材组合形式有两种，如图3-4所示。

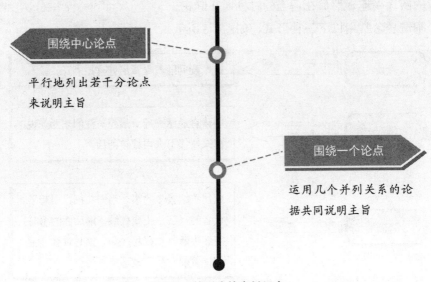

围绕中心论点

平行地列出若干分论点
来说明主旨

围绕一个论点

运用几个并列关系的论
据共同说明主旨

图3-4　并列式的素材组合

（6）对比式。对比式一般是正反对比，即通过正反两种情况的对比分析来论证观点的结构形式。这种方法可以更透彻、鲜明地阐述观点，通过对比也使材料更有说服力。

（7）层递式。层递式就是在论证时层层深入、步步推进，特点是一环扣一环。运用层递式结构要注意内容之间的前后逻辑关系，顺序不可随意颠倒，且每部分都不能缺少。这种方法的好处是逻辑严密，使受众觉得就应该是这样。

（8）总分总式。运用"总分总"式的软文特点是开篇点题，然后将中心论点分成几个基本分论点，横向展开，并分别论证，最后在结论部分加以归纳、总结和必要的延伸。

运用"总分总"结构时要注意，分总之间必须要有紧密的联系，分述部分要围绕总述的中心进行，总述部分应是分述部分的总纲或水到渠成的结论。

1.3　软文结尾的写法

有一个好的开始也要有个好的结束，这样才是一篇好的文章。

写文章最忌讳虎头蛇尾，软文也是。那么如何写好软文的结尾呢？软文常用的几种收尾方法，如图3-5所示。

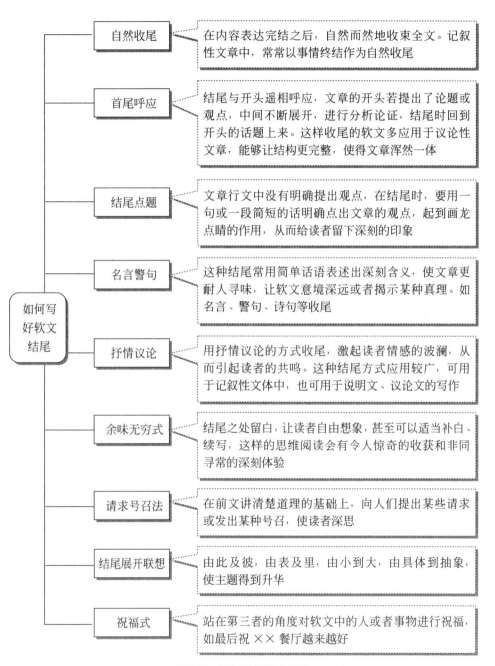

图3-5　如何写好软文结尾

第二节　注意事项

2.1　软文写作关键点

软文作为软广告的一种形式，其主要目的是使受众接收到软文要表达的信息、观点，也就是说软文写作带着极强的目的性，这就决定了软文写作有几个关键点，如图3-6所示。

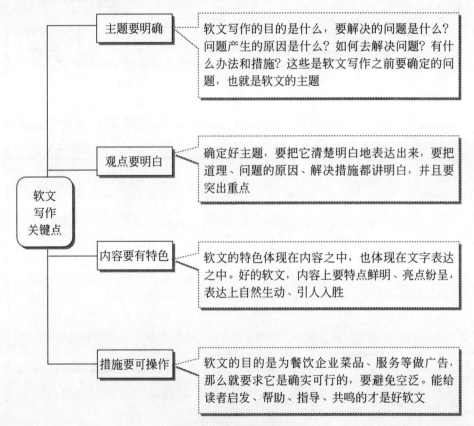

图3-6　软文写作关键点

2.2　软文写作技巧

软文写作主要有四大技巧，具体如图3-7所示。

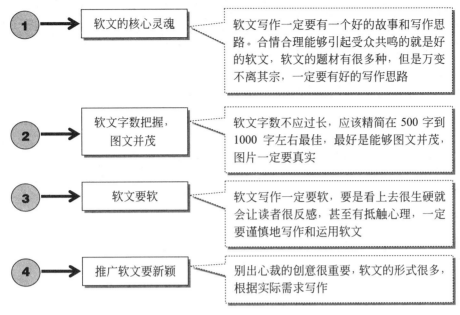

1 软文的核心灵魂 ⟶ 软文写作一定要有一个好的故事和写作思路。合情合理能够引起受众共鸣的就是好的软文，软文的题材有很多种，但是万变不离其宗，一定要有好的写作思路

2 软文字数把握，图文并茂 ⟶ 软文字数不应过长，应该精简在 500 字到 1000 字左右最佳，最好是能够图文并茂，图片一定要真实

3 软文要软 ⟶ 软文写作一定要软，要是看上去很生硬就会让读者很反感，甚至有抵触心理，一定要谨慎地写作和运用软文

4 推广软文要新颖 ⟶ 别出心裁的创意很重要，软文的形式很多，根据实际需求写作

图3-7　软文写作四大技巧

拓展阅读

故事性软文写作技巧

故事性软文的含义简单理解为：多为讲述经历表达情感的这类软文称之为故事性软文，这种软文比较适合发布在论坛和博客等网友可以直接互动参与的地方。由于表现形式不受拘束，内容描写也可或大或小，因此这类软文其实最能发挥您创作的才能了。作为写手，如果自己都觉得文章不好，那肯定不是一个好现象。

1.发布渠道

故事性软文，在研究完宣传的重点后，就应该考虑发布的渠道。考虑哪些方面的论坛比较适合发，可以先到论坛上去看看最近坛子里都在讨论什么，尽可能和热点结合起来。

2.软文结构

发论坛的稿件文字不能过于华丽，因为论坛多是随心逛逛，普通的帖子整得越通俗越好，网费就算不要钱，网友也没那个心思去专门琢磨你的文字。结构上一定要清楚，这一点不能和普通网友一样，许多网友发帖文章结构很乱，甚至段落标点都没分清，这样很不利于阅读。例如可以用"引子＋小标题＋小标题＋结尾"这样的结构，一般来说中间就弄两个小标题让结构为上下结构即可，除非确实需要情节较长才设计复杂些。

3.故事内容

写内容是重点，一定不要去编故事，而是应当把自己想象为主角，将自己的感悟经历化身到这个主人公上而已。当然，并不是所有的经历你都有，你没有的经历就尽量避免去写，文章是由你控制着走的，你完全可以选择不走国道而改走山中小路。换位思考是写手必要的能力，只有换位思考，内容才能有血有肉，才能有可以抛砖引玉的个人观点在里面。

只要把握好写作技巧，写故事性软文就容易多了。

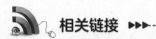
相关链接 ▶▶▶ --

软文写作的误区

很多餐饮企业都会运用软文营销，然而要想做成功，软文质量是非常重要的，除了注意软文写作要点及技巧，更要避免软文写作误区。

软文写作误区有以下几点，如下所述。

1.东拼西凑

很多软文写的时候采用拼凑的方法，认为这也是种原创，事实上这样极容易导致语序混乱，读者读完后不知道这篇软文要表达什么意思。

2.内容空洞

软文的价值取决于其作者的文笔，把握好内容是非常重要的，一篇软文出来后空洞无味，也就失去了意义。

3.主题不符

软文是有针对性的，其主旨要符合餐饮企业推广主题，而不是为了推广胡乱发表，软文不是写完文章就大功告成，更需要综合考虑各方面问题。

4.专业度低

应根据餐饮企业推广主题选择创作的风格，并用数据和事实说话，把相关专业信息融合进文章，体现专业性，这样可以保证软文推广过程中取得好的效果，更能吸引消费者。

5.包含禁忌词汇

如不了解互联网的一些禁忌词语，没有在写作中注意，导致文章中出现禁忌词语而在推广中被自动删除，便导致推广失败。

 章后小结

通过本章内容，您学到了什么？

1. _____。

2. _____。

3. _____。

您还有什么疑惑？

1. _____。

2. _____。

3. _____。

请根据本章内容完成一篇软文。

1. _____。

2. _____。

3. _____。

第四章
餐饮企业软文营销风险防范

学习目标

1.了解在餐饮企业软文营销过程中会遇到的各种风险因素。

2.了解法律风险包括的各种细则。

第一节　风险因素

1.1　投入风险

1.什么是投入风险

投入风险是指企业在广告投入活动过程中，由于各种不确定性带来对企业财务状况的影响，使企业广告投入的实际收益与预期收益或可能收益发生或大或小的偏差，或者发生影响企业财务状况的不利事件，从而使企业有蒙受损失的机会和可能性。

餐饮企业软文营销投入风险就是指在推广过程中遇到的财务投入方面的风险。

2.投入风险的分类

餐饮企业的投入风险包括偿债风险、营运风险、盈利风险和发展风险。如图4-1所示。

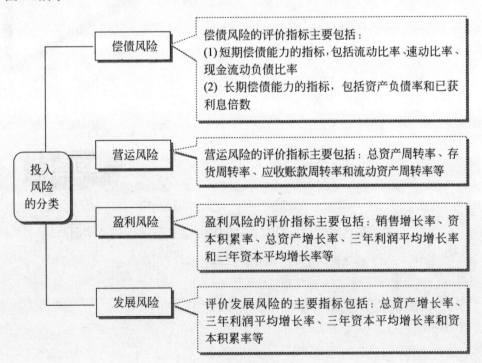

图4-1　投入风险的分类

1.2　道德风险

道德风险是从事经济活动的人在最大限度地增进自身效用的同时做出不利于他人的行动，或者当签约一方不完全承担风险后果时所采取的使自身效用最大化的自私行为。

1.3　法律风险

企业法律风险是指在法律实施过程中，由于企业外部的法律环境发生变化，或由于包括企业自身在内的各种主题未按照法律规定或合同约定行使权利、履行义务，而对企业造成负面法律后果的可能性。

第二节　法律风险

2.1　侵犯名誉权

1.什么是名誉权

《中华人民共和国民法通则》（以下简称《民法通则》）第一百零一条规定："公民、法人享有名誉权，公民的人格尊严受法律保护，禁止用侮辱、诽谤等方式损害公民、法人的名誉。"公民的名誉权受到侵害了，有权维护自己的名誉免遭不正当的贬低，有权在名誉权受侵害时依法追究侵权人的法律责任。

就总体上而言，名誉权的内容包括以下两个方面。

（1）权利人有权维护其名誉，要求他人对其进行公正客观的评价，使其在社会中获得应有的尊敬。

（2）权利人有权排斥他人对其名誉的侵害，并要求加害人承担相应的民事责任。

2.名誉侵权的形式

名誉侵权主要有侮辱、诽谤、泄露他人隐私等。

侮辱：是指用语言（包括书面和口头）或行动，公然损害他人人格、毁坏他人名誉的行为。

诽谤：是指捏造并散布某些虚假的事实，破坏他人名誉的行为。如毫无根据或捕风捉影地捏造他人作风不好，并四处张扬、损坏他人名誉，使他人精神受到很大痛苦。

3.侵犯名誉权要承担的法律责任

人民法院依照《民法通则》第一百二十条和第一百三十四条的规定，可以责令侵权人停止侵害、恢复名誉、消除影响、赔礼道歉、赔偿损失。

2.2 侵犯肖像权

1.认定标准

我国《民法通则》第一百条规定，"公民享有肖像权，未经本人同意，不得以营利为目的使用公民的肖像。"

构成侵犯公民肖像权的行为，通常应具备两个要件：一是未经本人同意；二是以营利为目的。

最高人民法院关于贯彻执行《民法通则》若干问题的意见第一百三十九条规定：以营利为目的，未经公民同意利用其肖像做广告、商标、装饰橱窗等，应当认定为侵犯公民肖像权的行为。

除此之外，恶意毁损、玷污、丑化公民的肖像，或利用公民肖像进行人身攻击等，也属于侵害肖像权的行为。

2.法律责任

对于侵犯他人肖像权，最高人民法院关于贯彻执行《民法通则》若干问题的意见指出：

第一百三十九条　以营利为目的，未经公民同意利用其肖像做广告、商标、装饰橱窗等，应当认定为侵犯公民肖像权的行为。

第一百四十九条　盗用、假冒他人名义，以函、电等方式进行欺骗或者愚弄他人，并使其财产、名誉受到损害的，侵权人应当承担民事责任。

第一百五十条　公民的姓名权、肖像权、名誉权、荣誉权和法人的名称权、名誉权、荣誉权受到侵害，公民或者法人要求赔偿损失的，人民法院可以根据侵权人的过错程度、侵权行为的具体情节、后果和影响确定其赔偿责任。

第一百五十一条　侵害他人的姓名权、名称权、肖像权、名誉权、荣誉权而获利的，侵权人除依法赔偿受害人的损失外，其非法所得应当予以收缴。

2.3 不正当竞争侵权

经营者在经营活动中违反诚信公平等原则的竞争行为。凡是在竞争过程中，采用虚假、欺诈、损人利己的违反国家法律手段进行的竞争都是不正当竞争行为，如商业贿赂、侵犯商业秘密、虚假广告、倾销等。

根据《中华人民共和国反不正当竞争法》（以下简称《反不正当竞争法》）第二条第二款的规定，不正当竞争是指经营者违反该法规定，损害其他经营者的合法权益，扰乱社会经济秩序的行为。

2.4　侵犯著作权罪

1.什么是侵犯著作权罪

侵犯著作权罪是指以营利为目的，未经著作权人许可复制发行其文字、音像、计算机软件等作品，出版他人享有独占出版权的图书，未经制作者许可复制发行其制作的音像制品，制作、展览假冒他人署名的美术作品，违法所得数额较大或者有其他严重情节的行为。

依照《中华人民共和国著作权法》（以下简称《著作权法》）第三条的规定，作品包括下列文学、艺术和自然科学、社会科学、工程技术等作品。

（1）文字作品。

（2）口述作品。

（3）音乐、戏剧、曲艺、舞蹈、杂技艺术作品。

（4）美术、建筑作品。

（5）摄影作品。

（6）电影作品和以类似摄制电影的方法创作的作品。

（7）工程设计图、产品设计图、地图、示意图等图形作品和模型作品。

（8）计算机软件。

（9）法律、行政法规规定的其他作品。

2.法律责任

依《中华人民共和国刑法》（以下简称《刑法》）规定，侵犯著作权应承担下列刑事责任：

《刑法》第二百一十七条规定：以营利为目的，有下列侵犯著作权情形之一，违法所得数额较大或者有其他严重情节的，处三年以下有期徒刑或者拘役，并处或者单处罚金；违法所得数额巨大或者具有其他特别严重情节的，处三年以上七年以下有期徒刑，并处罚金。

（1）未经著作权人许可，复制发行其文字作品、音乐、电影、电视、录像作品、计算机软件及其他作品的。

（2）出版他人享有专有出版权的图书的。

（3）未经录音录像制作者许可，复制发行其制作的录音录像的。

（4）制作、出售假冒他人署名的美术作品的。

《刑法》第二百一十八条规定：以营利为目的，销售明知是本法第二百一十七条规定的侵权复制品，违法所得数额巨大的，处三年以下有期徒刑或者拘役，并处或者单处罚金。

2.5　损害商业信誉、商品声誉罪

1.什么是损害商业信誉、商品声誉罪

损害商业信誉、商品声誉罪是指捏造并散布虚伪事实，损害他人的商业信誉、商品声誉，给他人造成重大损失或者有其他严重情节的行为。

2.法律责任

根据《刑法》第二百二十一条规定，犯本罪（损害商业信誉、商品声誉罪）的，处二年以下有期徒刑或者拘役，并处或者单处罚金。

2.6　编造并传播证券、期货交易虚假信息罪

编造并传播证券、期货交易虚假信息罪，是指编造并且传播影响证券、期货的虚假信息，扰乱证券、期货交易市场，造成严重后果的行为。

《刑法》第一百八十一条：编造并且传播影响证券交易的虚假信息，扰乱证券交易市场，造成严重后果的，处五年以下有期徒刑或者拘役，并处或者单处一万元以上十万元以下罚金。

单位犯前两款罪的，对单位判处罚金，并对其直接负责的主管人员和其他直接责任人员，处五年以下有期徒刑或者拘役。

2.7　敲诈勒索罪

《刑法》第二百七十四条：敲诈勒索公私财物，数额较大或者多次敲诈勒索的，处三年以下有期徒刑、拘役或者管制，并处或者单处罚金；数额巨大或者有其他严重情节的，处三年以上十年以下有期徒刑，并处罚金；数额特别巨大或者有其他特别严重情节的，处十年以上有期徒刑，并处罚金。

2.8　非法经营罪和寻衅滋事罪

1.非法经营罪

非法经营罪，是指未经许可经营专营、专卖物品或其他限制买卖的物品，买卖进出口许可证、进出口原产地证明以及其他法律、行政法规规定的经营许

可证或者批准文件，以及从事其他非法经营活动，扰乱市场秩序，情节严重的行为。非法经营罪在主观方面由故意构成，并且具有谋取非法利润的目的，这是非法经营罪在主观方面应具有的两个主要内容。如果行为人没有以牟取非法利润为目的，而是由于不懂法律、法规，买卖经营许可证的，不应当以非法经营罪论处，应当由主管部门对其追究行政责任。

2.寻衅滋事罪

《刑法》第二百九十三条有下列寻衅滋事行为之一，破坏社会秩序的，处五年以下有期徒刑、拘役或者管制。

（1）随意殴打他人，情节恶劣的。

（2）追逐、拦截、辱骂、恐吓他人，情节恶劣的。

（3）强拿硬要或者任意损毁、占用公私财物，情节严重的。

（4）在公共场所起哄闹事。造成公共场所秩序严重混乱的。

纠集他人多次实施前款行为，严重破坏社会秩序的，处五年以上十年以下有期徒刑，可以并处罚金。

 章后小结

通过本章内容，您学到了什么？
1. _____。
2. _____。
3. _____。

您还有什么疑惑？
1. _____。
2. _____。
3. _____。

请根据本章内容完成一篇软文。
1. _____。
2. _____。
3. _____。

第五章
餐饮企业软文
营销百度推广

1. 了解百度推广的知识。

2. 了解百度关键词设置。

3. 通过范本分析能够自己写出优秀的软文。

第一节　百度推广认知

1.1　百度推广

百度推广是一种按效果付费的网络推广方式，即用少量的投入就可以给企业带来大量的潜在客户，有效地提升企业销售额和品牌知名度。百度推广是按照给企业带来的潜在客户的访问数量计费，餐饮企业可以灵活控制网络推广投入，以获得最大回报。如图5-1所示为百度推广首页截图。

图5-1　百度推广首页截图

1.2　移动推广

百度移动搜索推广，是指在手机等移动设备上的百度搜索结果中显示企业推广信息，并按点击计费的一种搜索推广方式；是区别于传统PC搜索推广的新型产品，可以使企业在移动互联网上拥有更多的推广机会，更全面地推广覆盖，实现更大的营销价值。

随着智能手机使用的普及，人们越来越多地使用手机搜索信息，餐饮企业更应该抓住机会，做好移动端软文推广。如图5-2所示。

图 5-2　移动推广

1.3　搜索推广

当您找客户时，您的客户也在百度找您。这是百度推广的一句宣传语。

而事实也正是这样，百度作为全球最大的中文搜索引擎，占据超过 80% 的中国搜索市场份额，更有超过 5 亿中国网民已经习惯了在有需求时"百度一下"！

当企业推广信息与网民需求高度吻合时，会在百度搜索结果页以三种形式展现，如图 5-3 所示。

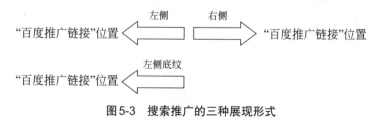

图 5-3　搜索推广的三种展现形式

比如当顾客想吃火锅时，只要在搜索框内输入火锅，就会出现相关信息，如图5-4、图5-5所示。

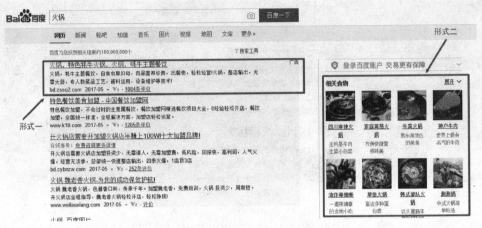

图5-4　搜索推广形式一和形式二

图5-5　搜索推广形式三

推广信息出现在何处，是由出价和质量度共同决定的。高质量、高度吻合网民搜索需求的推广结果，将优先展示在首页左侧，余下的结果将依次展现在首页及翻页后的右侧。

1.4　网盟推广

百度网盟通过分析网民的自然属性（地域、性别）、长期兴趣爱好和短期特定行为（搜索和浏览行为），借助百度特有的受众定向技术帮助企业主锁定目标人群，当目标受众浏览百度联盟网站时，以固定、贴片、悬浮等形式呈现企业的推广信息。

1.5　推广关键词设置

百度推广关键词的设置步骤如图5-6所示。

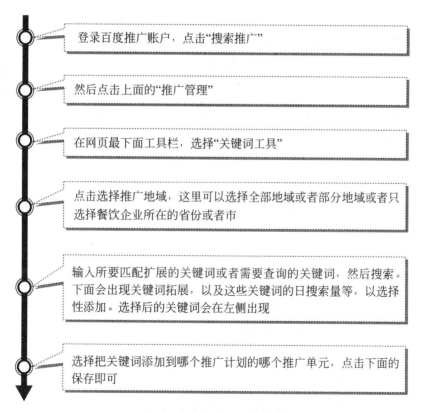

登录百度推广账户，点击"搜索推广"

然后点击上面的"推广管理"

在网页最下面工具栏，选择"关键词工具"

点击选择推广地域，这里可以选择全部地域或者部分地域或者只选择餐饮企业所在的省份或者市

输入所要匹配扩展的关键词或者需要查询的关键词，然后搜索。下面会出现关键词拓展，以及这些关键词的日搜索量等，以选择性添加。选择后的关键词会在左侧出现

选择把关键词添加到哪个推广计划的哪个推广单元，点击下面的保存即可

图5-6　推广关键词设置步骤

第二节 百度推广范本

以下提供几个餐饮企业百度推广软文范本，仅供读者参考。

范本05 520成都哪些餐厅适合表白？ ▶▶▶-----------------------------

文艺吃货如何表达520？

未必520就是最动人的情话，爱从不用言表。

和喜欢的人在一起，手牵手吃遍成都所有的大街小巷，才是吃货间最动人的爱情故事。

这一个520，我们不要诗和远方，我只想和你手牵手一起吃吃吃。

文艺小青年最爱去的地方，在这里可以带着心爱的那个她，一起钻进去随意泡一个下午的咖啡吧。找一找不见的猫咪，听一首爵士，浪费一个午后说520。

无用古董杂货铺

20世纪30年代的老地板，1890年的银餐具，日本南部的小铁壶，米兰小店的饰品，厕所奇怪的门栓。每一件都是独一无二。

喝个下午茶，拍些高逼格创意照片，接着就可以来一餐好味川菜。

有些无用之处，特别有所用心。在这间店，有些东西，遇到对的人，三千万不卖，三千块卖。

地址：××区××路××街××栋1楼

电话：×××××

绘咖啡

非常具有小资情调的一家咖啡店，里面很多花花草草超级适合拍照。如果你足够幸运，还能抓到猫咪，使劲rua。

各种饮料蛋糕的颜值也是棒棒哒～520文艺吃货们来这里约会简直棒呆了。

推荐蓝莓冰淇淋松饼和酸奶水果松饼，卡路里不是很高还有超多水果哦。

地址：××区××街××号××栋1号

电话：××××××

UID Cafè（烂李子）

有人评价是成都目前味道最跟国际接轨的甜品店，颜值和口感均一级棒～

环境也是港港滴，像乱入的魔法学院的感觉，超级心动？？

推荐榛子牛奶巧克力慕斯，吃的第一口就会被深深迷恋住，满满的榛子巧克力味儿还混合了蛋糕太妃糖的口感。

银河绝对是他们家的颜值担当，还有三层口感哦：巧克力淋面/慕斯/树莓。里面夹杂了榛子果粒。

地址：××街××号××栋1层

电话：××××××

走走亭亭

一家让人放松休闲的小店，你可以走走停停，但不允许你在我心里走来走去。

店内装饰非常别致，各种布艺竟然还有刺绣花哦~

海盐咖啡，看见厚厚的绸缎般的奶油简直心花怒放，充满期待。味道是极好的，强力推荐。浓厚的咸芝士味而不甜腻，咖啡底也很厚。

各种小吃甜品值得一试，价格走的亲民路线哦~

地址：××区××街××号附××号

没有猫法式甜品

超级文艺范的一家小店，各种垂柳水生植物。

其实如果仔细看，没有猫其实处处都有猫。

520的下午，带着她来这里晒晒太阳，再嗨一杯甜品，真心好完美~

推荐抹茶杯、提拉米苏、治愈系巧克力。用料超大方，满满一大杯，味道绝对浓郁巴适。

地址：××街××号

电话：××××××

钓鱼台

钓鱼台是钓鱼台美高梅酒店集团旗下全球首家"钓鱼台"品牌精品酒店。酒店由法国殿堂级大师BrunoMoinard主持设计。

如果你没来过这里，你不会知道原来四合院里的园林还能别有洞天。

　　乐庭美食荟提供全天自助餐，极其考究的新鲜食材，各类海鲜，日式刺身、寿司，宫廷美点，搜罗世界各地佳肴，将食鲜与味感唤醒到极致。逅街甜品美味的法式糕饼、缤纷的巧克力糖果、润滑的意式冰淇淋，集合了欧陆风尚甜品，搭配茗茶、咖啡与果饮，便是一份休闲时光的最佳水单。

　　地址：××路××号

　　电话：××××××

宽巷子3号

从喧嚣的宽窄巷子走进这里，时间完全静止了。绿树环绕亭台水榭潺潺流水，犹如到了苏州的园林景区。再沏一壶上好的茶，世界安静了。

一家只接受提前预订的餐厅，而且不接受客人单点，全部是配餐。每一种菜式都要将摆盘的颜值发挥到极致。

地址：宽巷子3号

电话：××××××

爱斯芙德

一家完美的"三无"产品啊——无香精、无色素、无添加剂！爱斯芙德手工冰棍采用进口天然原料，QS标准，绝无添加，让食客既享受美味，又保证健康！

英国爱斯芙德不仅保持英国王室的尊贵bigger，同时是冰淇淋产业3.0时代最接地气的进化产物，产品手工制作、原料天然、绝无添加、健康美味，最重要的是价格也很亲民，最便宜的7元，最贵的也才15元，比市面上很多25元一个卷、30元一个球的手工冰淇淋有优势的多。

地址1：××路××号王府井百货2楼

地址2：××路××号××堂5楼

电话：××××××

爱上雪花冰的羊肉串

一家文艺范儿爆棚的小清新。卖雪花冰卖羊肉串还卖芝士排骨大虾。这口味重的小编连干三碗雪花冰。

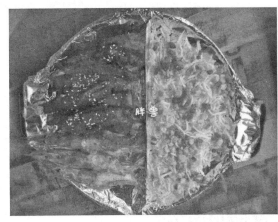

抹茶和红豆的完美结合，抹茶味综合掉了一部分红豆的甜腻感，热辣的夏天散发出淡淡抹茶香。

游刃有余的双层雪花冰，总是让人在扒开外衣之后惊喜连连~

双层口感，更挑战你的味蕾。

地址：××路××楼

电话：××××××

新西兰手工棒冰（Bubble Bee）

　　爪爪系列的爪爪冰，简直各种可爱各种卖萌～看到这些你还忍心下口吗？粉红梦幻少女系的最爱，简直爱不释手。

　　拍一个大头照都觉得自己萌萌的呢～味道非常浓郁，适合喜欢甜食的爱好者们。

　　520用这个表白，美女一般都不会拒绝哦～

　　地址：××街××号××座4楼

　　电话：××××××

宴荟高空私房菜

　　环境棒棒哒，还可以在露天的阳台俯瞰整个城市。没有固定的菜谱，都是根据季节来制定的菜单。

　　要提前一天预约哦～

　　地址：××区××街××段××号

　　电话：××××××

西餐私房菜

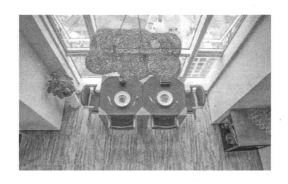

　　简洁理性的装修风格和气息，没有一点多余的装饰，但却暗藏小心机的一家私房菜：黑色皮质餐垫，山水风光玻璃墙。可见店家真正用了心。

每一道精致的摆盘后面,是店家心机满满的用心良苦。一道甜品就能用出如此多的原料:草莓、鲜玫瑰花糖浆、草莓酱、白巧克力豆腐、蓝莓。

地址:××市××区××大厦××栋××号

电话:×××××××

这篇软文是集合多个餐饮企业的特色,集中推荐给读者,读者一般会做出比较后选择。

 **章后小结**

通过本章内容，您学到了什么？

1. ＿＿＿＿＿＿＿＿＿＿＿＿＿＿＿＿＿＿＿＿＿＿＿＿。

2. ＿＿＿＿＿＿＿＿＿＿＿＿＿＿＿＿＿＿＿＿＿＿＿＿。

3. ＿＿＿＿＿＿＿＿＿＿＿＿＿＿＿＿＿＿＿＿＿＿＿＿。

您还有什么疑惑？

1. ＿＿＿＿＿＿＿＿＿＿＿＿＿＿＿＿＿＿＿＿＿＿＿＿。

2. ＿＿＿＿＿＿＿＿＿＿＿＿＿＿＿＿＿＿＿＿＿＿＿＿。

3. ＿＿＿＿＿＿＿＿＿＿＿＿＿＿＿＿＿＿＿＿＿＿＿＿。

请根据本章内容完成一篇软文。

1. ＿＿＿＿＿＿＿＿＿＿＿＿＿＿＿＿＿＿＿＿＿＿＿＿。

2. ＿＿＿＿＿＿＿＿＿＿＿＿＿＿＿＿＿＿＿＿＿＿＿＿。

3. ＿＿＿＿＿＿＿＿＿＿＿＿＿＿＿＿＿＿＿＿＿＿＿＿。

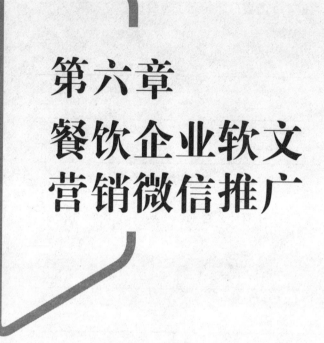

第六章
餐饮企业软文
营销微信推广

1.了解微信推广的知识。

2.了解微信公众平台推广的相关内容。

3.通过范本分析能够自己写出优秀的软文。

第一节　微信推广认知

1.1　什么是微信

　　微信是腾讯公司于2011年1月21日推出的一个为智能终端提供即时通信服务的免费应用程序，微信支持跨通信运营商、跨操作系统平台通过网络快速发送免费语音短信、视频、图片和文字，同时，也可以使用通过共享流媒体内容的资料和基于位置的社交插件"摇一摇""朋友圈""公众平台""语音记事本"等服务插件。如图6-1所示微信图标。

　　微信营销是伴随着微信而兴起的一种网络营销方式。微信不存在距离的限制，用户注册微信后，可与周围同样注册的"朋友"形成一种联系，订阅自己所需的信息，餐饮企业可通过提供用户需要的信息，推广自己的产品，从而实现点对点的营销。

图6-1　微信图标

1.2　微信推广特点

　　微信推广的特点主要有两个方面，如图6-2所示。

特点一　点对点精准营销

　　餐饮企业可以借助移动终端、天然的社交和位置定位等优势，把信息推送给每个客户，继而实现点对点精准化营销推广

特点二　实现强关系

　　微信的点对点形态决定其能够通过互动的形式将普通关系发展成强关系，从而产生更大的价值，就如朋友介绍的餐饮企业更值得信赖

图6-2　微信推广特点

1.3 微信推广目的

微信推广的目的主要表现在两个方面，如图6-3所示。

图6-3 微信推广目的

1.4 微信公众平台推广

微信公众平台账号分为三类，如图6-4所示。

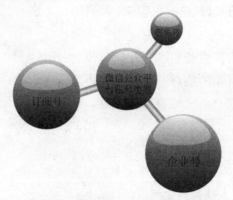

图6-4 微信公众平台账号分类

1.服务号

微信公众平台服务号主要为用户提供服务查询。其特点如图6-5所示。

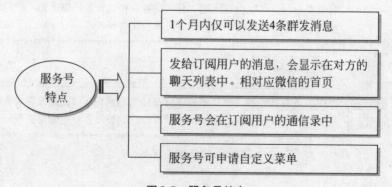

图6-5 服务号特点

2.订阅号

微信公众平台订阅号主要为用户传达资讯。其特点如图6-6所示。

特点一	每天可以发送1条群发消息
特点二	发给订阅用户的消息,将会显示在对方的"订阅号"文件夹中。点击两次才可以打开
特点三	在订阅用户的通信录中,订阅号将被放入订阅号文件夹中
特点四	如个人申请,只能申请订阅号

图6-6 订阅号特点

3.企业号

微信企业号是微信为企业客户提供的移动服务,旨在提供企业移动应用入口。它可以帮助企业建立员工、上下游供应链与企业IT系统间的连接。

第二节 微信推广范本

以下提供几篇微信推广软文范本,仅供读者参考。

范本06 面东家微信软文一 ▶▶▶ -

品尝【正宗山西味】到面东家(紫金城店特供山西特色菜)

面东家的由来:

这个牌匾早在大清光绪二十六年，由太后赏赐，后来樊氏以"面东家"为名开设面馆，历经数代而传承不衰，如今，"面东家"已开遍大江南北。

做面条也成了代代相传的"手工艺"，每天现场手工制作面条，确保新鲜！！

镇店之宝

招牌中的三大硬菜

特色山西菜（紫金城店特供）

山西过油肉

　　过油肉是山西省最著名的传统菜肴，色泽金黄鲜艳，味道咸鲜，闻有醋意，质感外软里嫩，汁芡适量透明，不薄不厚，稍有明油。

山西烩菜

山西大烩菜是农家菜谱的常见小吃。

大烩菜内容较为丰富，汤鲜味厚，营养丰富，老少皆宜。

麻麻花炒拨烂子

拨烂子，山西特产，流行于晋中地区，是一种粗粮食品。

麻麻花，味道奇香，两者配合让人食欲大增。

泡泡油糕

泡泡油糕是很有名气的传统小吃，经炸后，糕面出现薄如蝉翼、白如霜雪的一层泡，犹如繁花盛开，似乎见风即消，入口即化，松软绵润，芬芳醇香。

莜面栲栳栳

莜面栲栳栳是山西十大面食之一。其中忻州的做法最典型，是将莜面加一倍开水或冷水和制，用手掌在光滑的面板上推一个，食指卷一个，做成如"猫耳朵"似的筒状形，长寸许、薄如叶、色淡黄。做好后，挨个站立并排在笼内酷似蜂窝。然后像蒸馒头一样蒸熟，熟时即香味扑鼻，吃时再配以羊肉或蘑菇汤调和，使人闻之垂涎，胃口顿开，食之香醇异常，回味无穷。

红面擦尖

可选番茄鸡蛋卤或肉燥辣酱卤。

红面：表示吉祥如意，新的一年日子越过越红火兴旺。一般都在每年最后一天吃这种面食。有天然营养食品的美誉。

过油肉炒面

"过油肉炒面"是一道地道的西北菜，不仅面片爽滑有弹性，菜汁也是肉香十足，老少皆宜，更是非常受欢迎。既当主食又当菜，营养美味不浪费。

山西小吃

自发小豆芽/土豆丝豆嘴炒粉条

西芹花生米/凉拌猪头肉/手工皮冻/开胃苤蓝

佛山南海紫金城店

地址：佛山市南海区佛平路紫金城美食天地××

订座电话：××××××

　　面东家的这篇微信软文通过图文结合的方式将其品牌故事、特色菜展现在读者面前，使人心驰神往。

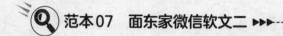

范本07 面东家微信软文二 ▶▶▶------------------------------

520微信软文

　　这篇软文把简练的文字与图片结合起来，并把剪刀面与520（5月20日，谐音我爱你）这个特殊的日子结合起来，给读者传达了吃剪刀面是爱的表现的含义，是很浪漫的。

章后小结

通过本章内容，您学到了什么？

1. _____。

2. _____。

3. _____。

您还有什么疑惑？

1. _____。

2. _____。

3. _____。

请根据本章内容完成一篇软文。

1. _____。

2. _____。

3. _____。

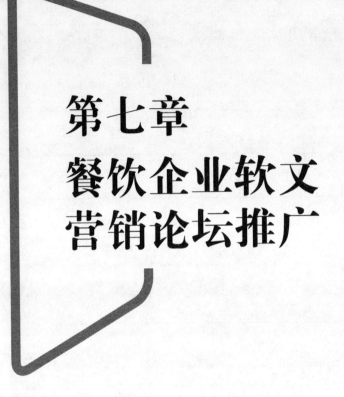

第七章
餐饮企业软文
营销论坛推广

学习目标

1. 了解论坛推广的概念及特点。

2. 掌握论坛推广的技巧。

3. 通过范本分析达到独立进行论坛推广的目的。

第一节 论坛推广认知

1.1 什么是论坛推广

餐饮企业利用论坛这种网络交流的平台，通过文字、图片、视频等方式发布企业的产品和服务的信息，从而让目标客户更加深刻地了解企业的产品和服务，最终达到宣传企业的品牌、加深市场认知度的网络营销活动，就是论坛推广。

1.2 论坛推广特点

论坛推广是互联网诞生之初就存在的推广形式，其特点如图7-1所示。

特点一	利用论坛的高人气，可以有效为餐饮企业提供营销推广服务。而由于论坛话题的开放性，推广可以通过论坛传播得到有效的实现
特点二	专业的论坛帖子策划、撰写、发放、监测、汇报流程，在论坛空间提供高效传播。包括各种置顶帖、普通帖、连环帖、论战帖、多图帖、视频帖等
特点三	论坛活动具有强大的聚众能力
特点四	事件炒作通过炮制网民感兴趣的活动，将品牌、产品、活动内容植入进传播内容，并展开持续的传播效应，引发新闻事件，导致传播的连锁反应
特点五	运用搜索引擎内容编辑技巧，不仅使内容能在论坛上有好的表现，并可在主流搜索引擎上排名靠前
特点六	定位年轻背景。可以把自己的账号背景设置成 80 后、90 后，这类人群比较受欢迎，而且喜欢逛论坛的也是 80 后、90 后居多，更易有共同话题

图7-1 论坛推广特点

1.3 论坛推广技巧

论坛推广同样需要技巧，如图7-2所示。

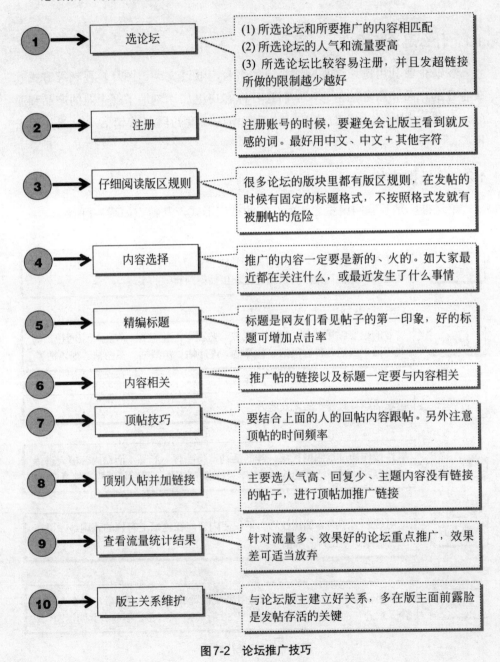

图7-2 论坛推广技巧

第二节 论坛推广范本

以下提供几篇餐饮企业论坛推广软文范本，仅供读者参考。

范本08 多少人第一次去沙头角，都是为了它 ▶▶▶----------------

多少人第一次去沙头角，都是为了它

在沙头角，有这么一家店，卖着最普通的小吃，却经营了近20年。

在很多附近长大的孩子眼里，这家店就是最好吃的美味。

很多人早已成家立业，搬离沙头角，但也隔三差五地带着妻儿朋友，开着车回来解解馋。

门面不是很显眼，招牌就是在栏杆上挂了一个店名的横幅，稍不留意，很容易走过！

环境可以说是很简陋，就是一个大棚，但是许多人第一次去沙头角，都是冲着它家去的！

十余张小桌跟小板凳，两台手推车，一台冰柜，这就是这家店的标配。

环境虽说简陋，可是一坐下，我却还是充满了期待！

满满一车的串串，豆腐、牛肚、牛丸、墨鱼丸、鸡肉肠……

在一旁的我表示，每种我都想要来上一份！

据说这是一份深圳最好吃的混酱肠粉！多少人都是慕名而来，我也一样！

听说每天都要卖出50多千克肠粉呢。来到这里，如果不点上一份，那真的就白来了呢。

　　长条的肠粉切成小块，然后再淋上甜酱、白芝麻和花生碎组成的混酱，一口一个刚刚好。

　　吃的时候肠粉一定要蘸着混酱吃，这样才能体现出它巅峰的口感跟味道！

　　正是因为有甜酱、花生碎、白芝麻，这些不起眼的配料搭配起来，才使得这里的东西，都变得如此的美味。

各种串串组成一盘，看着就莫名的开心。

一瞬间，觉得自己就像是个没长大的孩子。

抓起一把拍个照，随手发个朋友圈，满屏的诱惑！

一边吃着小吃，一边喝着玻璃樽的维他奶，感觉生活就是那么的惬意~

在大树旁的大棚底下，坐着小板凳，来上一碟甜酱花生碎芝麻混酱肠粉，一份混酱鱼蛋肉丸香肠豆腐串牛杂，两瓶玻璃樽维他奶，一份萝卜牛腩

一份猪红汤，也许这对于沙头角人来说，就是满满的回忆吧……

这篇软文以问句做标题来表现很多人都为了这家店去沙头角，文中又提到这家店是很多人童年的回忆，来告诉读者这家老店一直这么好，给读者探索的欲望，到底多好吃呢？

 范本09　这一煲猪肚鸡，我可以给好评 ▶▶▶

这一煲猪肚鸡，我可以给好评

记得第一次吃猪肚鸡，是在念大学的时候。

那是一家学校附近的食肆，环境一般般，但是猪肚鸡真的很香，胡椒味很浓。

因为太喜欢那个味道，一口气把汤都喝完了，才开始涮菜。

至今意犹未尽。

虽然遍地开花的开了椰子鸡，我也很喜欢吃，但始终没有超越猪肚鸡正官的地位。

于是好评如潮的顺德公成了我拔草的目标之一。

带着朋友，买了一个三人餐的团购来吃午饭。

中午人不算多，环境一般般，但是挺干净的，墙上的大电视一直放着味道顺德。

酱料是自助的，自己调了沙姜酱油，清淡。

顺德公家的汤锅，刚上来就能闻见一股夹杂着胡椒味的浓厚香气，还没开始吃，我胃里的馋虫已经跃跃欲试。因为爱吃，所以我也曾经在家自制过猪肚鸡，只有足够时间的熬煮，才能让整锅汤色白香浓，但是像牛奶一样白，那大概不会有，为了让汤白起来，我有些朋友还加过牛奶，但实际上味道很奇怪。

但这锅汤颜色很正，喝起来味道很舒服，喜欢。而且煮过汤的鸡肉还有弹性，口感还不错，猪肚介于软跟韧之间，于我来说，恰到好处。

非常不错的一锅猪肚鸡。

除了汤锅，套餐里还有一份手打鱼皮饺，饺皮有点弹，猪肉糜做的馅也很Q（很有韧度的意思），除了稍微咸了一点，没毛病。

新鲜的蔬菜，挺清甜的。

对于煲仔饭，我也有很深的情怀，煲仔饭也是经典菜色了，吃猪肚鸡也总要吃一煲，不然总觉得缺点滋味。腊肠、腊肉切片加上过油微炸的芋头粒，掐好时间盖在七八成熟的煲仔饭面上，浇上上好的卤水汁或者酱油汁继续，然后等待出锅的那一刻，放上焯好的菜心，再撒一把葱花。各种食材的香气融合，这个画面不要太勾人哦。

比猪肚鸡还出色的这一锅腊味煲仔饭，赞赏。很少能在深圳吃到米饭油润清香、锅巴脆而不硬的煲仔饭，也算是挺惊喜的。唯一欠缺的是，饭上浇的汁有点少。

整体性价比很高，味道很不错的一家店。

以上，只是一个吃货的个人关于美食的碎碎念。

这篇软文标题就表明了这家店很棒，正文又图文结合地说明了为什么这么棒，读者会有一种"真的很棒，什么时候去吃呢"的感觉。

 **章后小结**

通过本章内容，您学到了什么？

1. _____。

2. _____。

3. _____。

您还有什么疑惑？

1. _____。

2. _____。

3. _____。

请根据本章内容完成一篇软文。

1. _____。

2. _____。

3. _____。

第八章
餐饮企业软文
营销博客推广

学习目标

1. 了解博客推广的含义和特点。

2. 掌握博客推广的形式和步骤。

3. 了解博客推广需注意的要点。

4. 通过范本分析能够独立完成博客推广。

第一节　博客推广认知

1.1　什么是博客推广

　　博客推广是利用博客作为开展推广的工具，是餐饮企业利用博客这种网络交互性平台发布并更新其相关概况及信息，关注并回复平台上客户对于餐饮企业的相关疑问或咨询，并通过博客平台帮助餐饮企业获得搜索引擎的较前排位，以达到宣传目的的推广手段。

1.2　博客推广的特点

　　博客推广主要有五个特点，如图8-1所示。

特点一	精确细分，广告定向准确

博客拥有个性化分类属性，每个博客都有不同的受众群，细分的程度高，广告的定向性准确

特点二	互动传播，口碑效应好

博客圈子内的影响力决定其口碑效应和品牌价值大。因其受众群明确，针对性强，单位受众的广告价值自然较高

特点三	影响力大，可引导网络舆论

博客的评论意见影响越来越大，成为网民们的"意见领袖"，引导网民舆论潮流，其评价和意见会在极短时间内迅速传播，对企业品牌造成巨大影响

特点四	降低传播成本

博客推广成本主要集中于教育、开发口碑意见领袖，因此成本比面对大众人群的其他推广形式要低得多，且结果也能事半功倍

特点五	长远利益

运用口碑推广策略，激励早期采用者向他人推荐，劝服他人购买。随着满意顾客的增多会出现更多的"意见领袖"，长远利益得到保证

图8-1　博客推广的特点

1.3 博客推广形式

事实上博客推广可以有多种不同的模式，企业博客推广有下列六种常见形式，如图8-2所示。

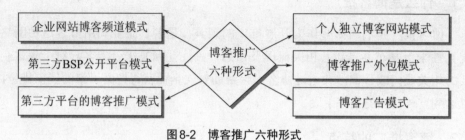

图8-2 博客推广六种形式

1.4 博客推广步骤

餐饮软文营销博客推广的一般步骤如图8-3所示。

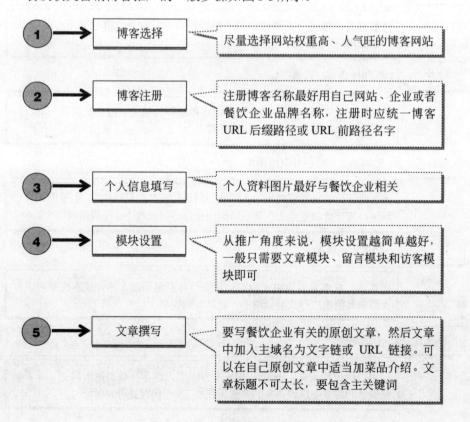

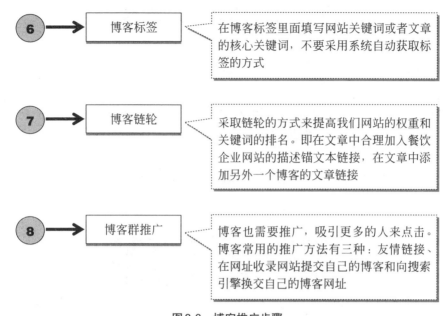

图8-3　博客推广步骤

1.5　博客推广要点

对于餐饮企业来说，博客是很好的推广平台，对于品牌推广和扩大知名度有很大益处，博客推广应注意以下几点，如图8-4所示。

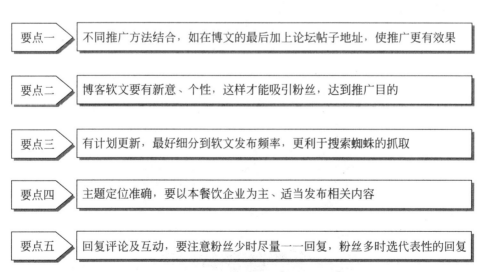

图8-4　博客推广要点

第二节　博客推广范本

以下提供几篇餐饮企业软文营销博客推广范本，仅供读者参考。

 范本10　一杯咖啡1美元！美国新锐连锁Locol用快餐价格定义精品咖啡 ▶▶▶------------------------------------

一杯咖啡1美元！美国新锐连锁Locol用快餐价格定义精品咖啡

精品咖啡也有平民化的价格

快餐连锁店Locol的目标是改变对经济实惠咖啡的看法，撕掉精品咖啡就一定有高价格的标签，让平民化的价格更亲民。

Locol推出的1美元咖啡的创意，与他们公司的理念高度契合，即：快餐、美味和负担能力不一定是快餐中相互排斥的概念。

Locol现在也出售袋装咖啡，售价为8～9美元，还在唐恩都乐（Dunkin' Donuts）也以相同的价格出售袋装咖啡。

转变咖啡文化本质，改变人们对咖啡的观念

Locol咖啡业务主管Tony Konecny表示，他想"转变咖啡文化的本质"，并改变人们对咖啡的观念。

Locol提供的1美元咖啡，和那种高价格的咖啡烘焙、咖啡酿造、咖啡服务没有差别。

1美元咖啡的理念为Locol的发展提供了方向

帕特森透露，Locol从一年多以前便深陷财务危机。但是这种1美元咖啡的理念，为Local提供了另一种扩展潜力，Locol最清晰的发展道路应该是咖啡店，而不是芝士汉堡店等。

这篇软文标题上通过数字来吸引读者目光，并通过便宜的价格引导读者阅读正文，而正文又通过故事把快餐店展现在读者眼前，可谓步步为营，是非常典型的博客推广软文。

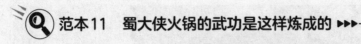

范本11　蜀大侠火锅的武功是这样炼成的 ▶▶▶------------------------------

蜀大侠火锅的武功是这样炼成的

成都竞争激烈的火锅江湖有很多武功绝学，好在他奇遇连连，是个火锅武学奇才！既能将餐饮馆子乾坤大挪移升级成热门的冷锅鱼品类，也能让蜀大侠火锅一套无敌天下的阵法深不可测，一帅九将揽客大法江湖一绝。

1.家传剑法，四年学习奠定武侠基础

蜀大侠火锅创始人江侠的火锅功夫可谓出神入化，凭借着一锅火锅便能无敌于市场，达到无招胜有招的境界。

悟出大侠上上签，照相效果那自然也是上上等，凭借海陆空全面传播一年时间成为成都火锅前十强，甚是豪爽潇洒，令人佩服！

蜀大侠火锅创始人江侠，本名叫江海浪，小时候，父亲请人帮他算命时，说命里五行缺水，取出来的名字江、海、浪三个字都带水。

江侠是父亲为他取的小名，希望他在以后的人生道路上能够有侠义感，有乐于助人的精神。

江侠是一个比较调皮的孩子，从小就有一种武侠梦，却不喜欢读书。

七十二行，行行出状元，每一个人只要把自己那一行做精做好，那肯定是一门很好的手艺。既然不喜欢读书，就要必须去学一门手艺，父亲问他打算做什么呢？

理发师、风水师和厨师，江侠在这三个行业中思考和选择。

理发师是一门不会落掉的饭碗，风水师在中国的职业也是非常长久稳定的，厨师不管在哪里你都会有饭吃。

其实，江侠的父亲是一名本地厨师，农村当地过生日、办寿宴经常请他去炒菜做饭。江侠的表叔是一名中餐厨师，家族里有做餐饮的，江侠选择做厨师，父亲便安排江侠学着做厨师。

14岁的江侠从家乡来到成都，走进厨房时，表叔问他："厨房中你想学哪一门手艺？"年纪很小的江侠随口回答表叔："我想做厨师长。"表叔则送了他三个字："够得学。"

江侠做了四年中餐，几乎每一个岗位都做过，洗碗工、拖地工、凉菜、小吃、打荷、蒸菜等都学过。

那时候是承包制厨房，一个人必须有一定的阅历，还需要有一个很好的团队，出去带领一个很好的班子，才能当上厨师长，江侠觉得这条路需要的条件太多了。最终，江侠选择了放弃，他不是放弃了餐饮，而是放弃了在中餐品类里工作。

他选择进入火锅品类，18岁做火锅、19岁当上厨师长、21岁当行政总厨管理70家门店的厨师长、22岁开始出来创业。

他是如何做到的呢？江侠在中餐里有一定的基础，在他的理念里，火锅永远是需要向中餐学习，学管理体系、包装、产品标准化等内容。

当时的火锅业态没有正规性、体系化和标准化，他将中餐的精髓和理念带到了火锅里，把火锅做成标准化产品，每一步细节都无比详细，得到了企业领导和管理层的高度认可。

江侠有一个个性特性，喜欢跟比自己大十几岁、二十岁的人走在一起，在他们身上可以学到很多用钱买不到的人生经验，这些东西需要靠时间累积才会有。大概也是这样的处世原则，让他21岁当上行政总厨。

当行政总厨时，上班工资很可观，但是江侠选择了放弃，22岁开始去创业。

在一路创业过程中，江侠开过很多不同类型的餐饮店，这其中有成功的也有失败的，每一个都累积成了经验……

在上班的时候成都流行羊肉汤，江侠开过一家羊肉汤店，但是失败了。失败原因是自己平常上班没有时间管，只有业余的时间会有空去管，店里的管理、产品味道的把控等都做得不好。

羊肉汤创业失败，江侠总结了一些经验，对人生道路有了规划，开始创业做冷锅鱼。

2.蜀道难牌法，冷锅鱼苍蝇馆子的升级

江侠创业做冷锅鱼的第一年，店里生意不太好。虽然不亏钱，但也不赚钱。

店里刚开业时，生意不太好，江侠会站在店门口当一名喊客，他到现在都能清清楚楚地记得第一个餐饮创业项目做的是冷锅鱼火锅，自己站在门口吆喝："走过路过，千万不要错过。花钱不多，吃了热火。"这样的语言，客人路过听到的时候会留下记忆，这附近有这么一家店，也许第一次、第二次不会进来吃，但总从门前路过，听得次数多了，哪一天想吃冷锅鱼时，就会踏进店里来。

刚开始创业的一年，江侠每个月留给自己的工资只有1000元左右。店内各种事情都需要自己去处理。员工都下班了，老板还在上班。

别人还没上班，老板就需要先上班，他需要做一个榜样。江侠的亲和力非常强，大家在一起很融洽，在快乐中把餐饮经营中的事务完成。在带领团队发展的过程中，深度理解了员工才是最好的财富。

第二年，江侠根据店里产品味道进行全面更新和升级，当时的升级抓住了一个时间点，也抓住了冷锅鱼的市场弱点。

在成都其实20世纪90年代就有冷锅鱼，在2006年之前，冷锅鱼给消费者的印象就是便宜，用成都人的话讲就是苍蝇馆子，上不了台面。

江侠对冷锅鱼进行了一系列改变，2006年过后，冷锅鱼在整个四川都很

少了，江侠抓住了这个时间点，从2007年开始将冷锅鱼的包装、产品进行升级。

那时候，苍蝇馆子的冷锅鱼没有专业团队和服务，江侠对整个经营体系进行建设，从装修氛围、服务管理体系、味道等内容上升级。

这样一番包装过后，白领、上班族、请客的人再不会觉得冷锅鱼有那么低俗了，也就是从那时候开始，店里生意慢慢好起来了，营业额从一天3000元、5000元、6000元、8000元……100平方米的店面，现在一天营业额是18 000元左右。

这是第一次成功创业，也是第一桶金，生意就慢慢做起来了。这家店已经十多年的时间了一直都在。

2008年、2009年，开冷锅鱼店并不需要太多的钱，两三个要好的朋友合伙就可以开店，他的冷锅鱼连锁店从三十、五十、八十……开到了一百多家，做冷锅鱼的过程中，江侠还做了很多其他餐饮项目如火锅、烤鱼、中餐等。

2013年前后，互联网兴起，对江侠的餐饮企业冲击非常大，一年时间里，他的冷锅鱼门店倒闭了五十家，2014年江侠用了一年的时间去沉淀和思索。

那一段时间对于江侠是巨大的打击，冷锅鱼味道其实还可以，消费者为什么不吃了？到底是哪里出现了问题？渐渐的，他想明白了，以前是抱着一种产品味道好就会有消费者，酒香不怕巷子深的思路做餐饮，现在则必须用各种互联网方法去传播。

2014年，江侠找了媒体人、资深网络人、在成都做餐饮做得好的前辈学习、取经、观摩……

3.降龙十八掌，武林高手的上乘武功

2015年12月8日，江侠创立蜀大侠火锅。他叫江侠，店名则取名为蜀大侠火锅。蜀大侠火锅是怎样定义的呢？大侠打造的是服务精神、一种厨艺精神。

店面紧挨着创业第一家冷锅鱼的附近，我们知道，蜀大侠火锅是成都火锅前十强，网友评价是来成都必吃的火锅，开业一个月就盈利了。

其实这个品牌创立过程中也有很多波折，例如店面刚租下来，就遇上店门前修公路、建地铁，把店面整个大门都拦住了，当时他交了三年房租，这三年店面大门都是堵死的。那时候江侠选择坚持首先是觉得房租不算很贵，然后是觉得产品口味好，他有信心做起来。

当地铁开街的时候，这个地理位置再也不是他想象的那么好，附近业态搬走了，小区也都没有了，既然已经坚持了三年，那就不能放弃。对于江侠来说，创立第一家蜀大侠火锅的风险非常大，店门口甚至连停车位都没有，但他依然有非常大的信心。

为什么会有这么大的信心？这个团队是经过风吹雨打的，在技术、管理等方面都有很强的能力。

蜀大侠火锅从2015年12月8日开第一家直营店到2016年12月8日这一年时间里，企业开了七家直营店，并且每一家店都非常受消费者认可。创立一年多时间，企业成为成都十强火锅，这是我们大家都知道的。

2016年5月份到2016年年底，蜀大侠火锅对外加盟企业有60家，到2017年5月份加盟店已经上百家。

一帮靠谱的团队做一帮靠谱的事情，将企业产品的卖点、装修、思路汇成一个整体，然后用平常心去做平常事。

这个团队有的员工跟了他十年，有的员工跟了他九年，他们总结了一句话，就是："不抛弃、不放弃，坚持下去！"这个团队在这些年的团结互爱中成为了一家人！在一个企业里上班，他要求的是快乐地工作，如果工作都不快乐了，事情是做不好的，团队也是这样。

在江侠印象当中，尤其是创立蜀大侠火锅的时候，2015年12月8日开业到2016年那一年是非常辛苦的，基本上是跑着在工作，店面刚崛起时，有很多繁琐的事情，不仅是店里面，还有很多其他事物要处理，但整个公司没有一个人抱怨的。自己用心去对待员工，每一个员工都会用心对待自己。

在创立之初，江侠就改变了自己的思路和想法，用年轻人的思路去做企业。

思路才能决定出路，视觉才能决定味觉。

这款火锅要做成什么样？不要做传统火锅，传统火锅太多了！走差异化路线，需要告诉自己，蜀大侠火锅的卖点是什么？别人有的菜，我们有！我有的，别人没有！中规中矩的方式？不行！

以前的火锅特色菜是鸭肠、鹅肠、毛肚之类的东西，在蜀大侠火锅这些产品都只是普通特色，真正的特色产品是一帅九将。

4.一帅九将，将菜品做成门派产品

"一帅九将"由十个菜组成，一个火锅店的菜系一般大约在70道，无法把每一道菜都做到精致和颜值担当，江侠针对店里的十款爆款菜，做到了最好看、最好玩、最好吃，让消费者感觉这些菜打破了传统火锅印象。

这是江侠结合了中餐思路设计出来的，中餐的包装、细节做得非常好，按照中餐的思路将一帅九将产品颜值担当做到极致，消费者觉得来蜀大侠火锅没吃"一帅九将"等于没来过，蜀大侠火锅的一帅九将不仅可以吃，还可以用来照相。

普普通通的菜，装在普普通通的容器里，这就是一款菜品，消费者看的无非就是价格贵不贵。

做成一个产品的话，则需要将一款普通的菜进行颜值担当的包装，让它有故事、有内涵，这就是一款产品。

蜀大侠火锅对于原材料要求非常高，江侠是做厨师出身，很清楚只有好的原材料才能做出好产品。江侠对厨房提出了十个字的要求"坚持好食材，

用心做品质"，这也是店面每一位厨师的精神。

企业对于供应商的要求也是非常高的，不仅有对供应商产品的考核，产品的规格、质量、价格等每一样内容都有专业要求，还包括其为人、品德考核，这样才能让供应商长期送好食材。

每一个季度都会去调查一次市场，调查市场过后与供应商商讨确定季度产品供应价格，不管季度中产品市场价格涨或落，都是这个价格供应，供应商必须保证产品品质，包括产品的产地都有严格要求，这让蜀大侠火锅的产品供应链把控得非常好。

原材料把控过关以后，成本管控、菜品设计等都形成了体系，产品来源、价格都是固定的，每一道菜的标准化也做到了，一套完整的标准化管理体系就这样建立起来。

企业的营销被江侠总结为空陆海三线作战，空是指线上的各种互联网平台；陆是店内的营销；海是指线下门店以外的一些营销与合作。

蜀大侠火锅对于互联网的关注度非常高，从产品、软件到供应链软件都需要结合互联网，它省事方便，互联网餐饮管理软件是最好的企业管理软件。在聊到对哗啦啦的看法时，江侠哈哈大笑着说："你们有真正的互联网上乘武功！"

餐厅装修里有相当多大侠文化，例如里面的温馨提示语言利用了一些大侠的元素，餐厅服务体系里迎宾、服务员语言和手语设计都利用了大侠的元素，消费者体验感受相当好。

每个人心目中都有一个大侠梦，都有一种正义感，这是蜀大侠的重点设计内容。当你看到店内的"前方山高路滑，请大侠施展凌波微步"时，段誉公子的超级帅气面容有没有出现在你的脑海里？施展着凌波微步，怀抱着王语嫣大美人吃火锅真是无比幸福！

网上有评论说，刀剑江湖中的侠之大者，是金大师笔下的为国为民；而饮食江湖中的侠之大者，则是饕餮之徒心中的好味实惠。蜀大侠，武侠与动漫风齐飞，传统火锅并新派菜式一色，大盘大碗的豪放，麻辣鲜香醇的柔情尽在其中。

这篇软文同样是以讲故事的形式，通过创始人的故事赋予火锅店传奇色彩，引人入胜。

章后小结

通过本章内容，您学到了什么？

1. _____。

2. _____。

3. _____。

您还有什么疑惑？

1. _____。

2. _____。

3. _____。

请根据本章内容完成一篇软文。

1. _____。

2. _____。

3. _____。

第九章
餐饮企业软文营销微博推广

学习目标

1. 了解微博推广的概念及优势。

2. 掌握微博推广的要点。

3. 通过范本分析达到独立进行微博推广的目的。

第一节　微博推广认知

1.1　什么是微博推广

微博推广是以微博作为推广平台，每一个读者都是潜在营销对象，餐饮企业利用更新自己的微博向网友传播企业、产品的信息，树立着良好的企业形象和产品形象。每天更新内容就可以跟大家交流，或者有大家所感兴趣的话题，这样就可以达到营销的目的。如图9-1所示为海底捞火锅微博页面截图，图9-2为麦当劳微博首页截图。

图9-1　海底捞火锅微博首页截图

图9-2　麦当劳微博首页截图

1.2　微博推广的优势

微博推广具有以下优势，如图9-3所示。

优势一	即时性强

微博的特点之一是信息的即时发布，微博简单方便的操作流程让用户随时随地都能发布信息，基本不受周围环境的影响

优势二	传播力强

微博的传播方式就像原子核裂变，一条微博发出后，短时间内就能被用户转发至微博的每一个角落，这种高速传播是其他媒体做不到的

优势三	精准度高

直接传播到企业的目标客户，企业与他们在线沟通，就是直接接触到了市场第一线，无论是搜集市场反馈，还是品牌传播，面对的都是更加精准的消费群体

优势四	亲和度高

企业通过这种片段式、随机性的发言，不仅是进行品牌信息、促销活动等产品层面的宣传，更可以对社会热点事件发表看法，在微博上进行售后服务，尽可能多的为用户提供帮助，给用户带来良好的感觉

图9-3　微博推广的优势

1.3 微博推广要点

微博推广的要点如图9-4所示。

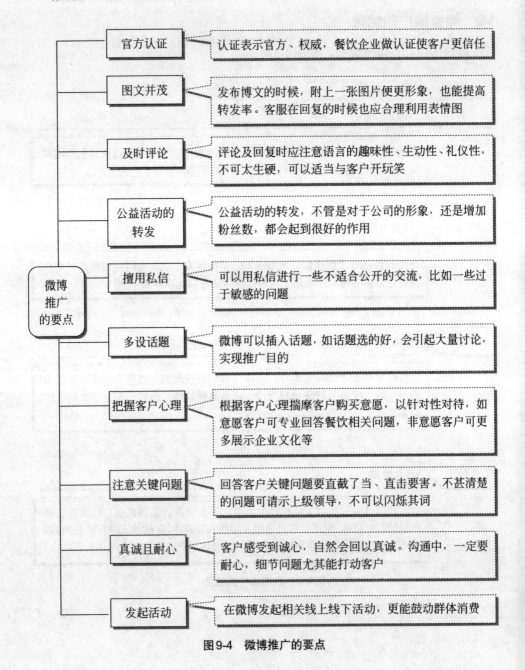

官方认证 —— 认证表示官方、权威，餐饮企业做认证使客户更信任

图文并茂 —— 发布博文的时候，附上一张图片便更形象，也能提高转发率。客服在回复的时候也应合理利用表情图

及时评论 —— 评论及回复时应注意语言的趣味性、生动性、礼仪性，不可太生硬，可以适当与客户开玩笑

公益活动的转发 —— 公益活动的转发，不管是对于公司的形象，还是增加粉丝数，都会起到很好的作用

微博推广的要点

擅用私信 —— 可以用私信进行一些不适合公开的交流，比如一些过于敏感的问题

多设话题 —— 微博可以插入话题，如话题选的好，会引起大量讨论，实现推广目的

把握客户心理 —— 根据客户心理揣摩客户购买意愿，以针对性对待，如意愿客户可专业回答餐饮相关问题，非意愿客户可更多展示企业文化等

注意关键问题 —— 回答客户关键问题要直截了当、直击要害。不甚清楚的问题可请示上级领导，不可以闪烁其词

真诚且耐心 —— 客户感受到诚心，自然会回以真诚。沟通中，一定要耐心，细节问题尤其能打动客户

发起活动 —— 在微博发起相关线上线下活动，更能鼓动群体消费

图9-4 微博推广的要点

第二节 微博推广范本

以下提供几个餐饮企业微博推广软文范本，仅供读者参考。

 范本12 必胜客官方微博软文一 ▶▶▶ ----------------------------------

必胜客官方微博软文一

在《辣妈秘诀》里美美摇身变成惹火美老师，那么问题来了，美美每次出镜颜值都辣么高的原因是——"美美的秘密"小相机！快用微信扫下图二维码变得和美美一样萌吧～还能召唤好友一起搞怪变身！多少个小伙伴同框都没问题哦。凡在5月9日至5月16日间，在微博晒出生成的萌照并@必胜客欢乐餐厅，将有机会获得美食卡＋公仔一只～礼物已备好，赶紧动动手指上传照片咯～活动详情戳下图↓↓↓

 必胜客欢乐餐厅 　　　　　　＋关注 ⌄

5月9日 11:00 来自 微博 weibo.com

置顶 在《辣妈秘诀》里美美摇身变成惹火美老师，那么问题来了，美美每次出镜颜值都辣么高的原因是——"美美的秘密"小相机！快用微信扫下图二维码变得和美美一样萌吧～ 还能召唤好友一起搞怪变身！多少个小伙伴同框都没问题哦😊 凡在5月9日至5月16日间，在微博晒出生成的萌照并@必胜客欢乐餐厅，将有机会获得美食卡+公仔一只~礼物已备好，赶紧动动手指上传照片咯~活动详情戳下图↓↓↓ 🔗网页链接 收起全文 ∧

☆ 收藏　　　　　　⤴ 41　　　　　　💬 49　　　　　　👍 19

微博内容截图

微博配图之二维码　　　　　　　微博配图之长图

这篇微博软文的正文介绍了活动要点，让读者很容易了解到活动内容，配图是活动二维码和做成长图的活动规则，非常人性化地考虑到了一部分读者想参加活动而有一部分可能不想参加。

范本13 必胜客微博软文二 ▶▶▶---

必胜客微博软文二

1.发起活动

太阳当空照，花儿对我笑，小鸟说早早早，快来必胜客带走萌萌的阿宝和美美公仔啦！美丽的春天还能带着它们去游乐场嗨森！一边荡秋千，一边吃比萨，心情真是一级棒诶～#就辣么给励#关注@必胜客欢乐餐厅，评论并转发@想要一起相约春游的好基友，就有机会把公仔抱回家！（随机样式，共10份）

2.公布结果

一周过去了，不知道各位是否达成了和基友一同春游的约定呢？没有也没关系，有我们萌萌的功夫熊猫公仔来陪伴你哦，不知道这次的幸运儿是你么？请评论区收到@的十位私信小编地址和联系方式，耐心等待阿宝和美美的到来吧！

 必胜客欢乐餐厅 V ➕关注 ⌄

5月12日 17:00 来自 微博 weibo.com

太阳当空照，花儿对我笑，小鸟说早早早，快来必胜客带走萌萌的阿宝和美美公仔啦！美丽的春天还能带着它们去游乐场嗨森！一边荡秋千，一边吃比萨，心情真是一级棒诶~#就辣么给励#关注@必胜客欢乐餐厅，评论并转发@想要一起相约春游的好基友，就有机会把公仔抱回家！（随机样式，共10份）

☆ 收藏　　　　↗ 153　　　　💬 97　　　　👍 36

微博截图之发起活动

I can't put Pizza Hut here,
but I can take you there

微博配图

微博截图之活动结果

这是息息相关的两篇软文，一是发起活动，二是活动结果，有始有终。

范本14　西贝莜面村微博软文一 ▶▶▶-------------------------------

西贝油泼香椿莜面

每年3～5月正值香椿当季，今年也不例外，产自陕西的香椿叶嫩味浓，还有丰富的维生素、胡萝卜素、铁、磷、钙等多种营养成分。香椿有开胃爽神、祛风除湿、止血利气、消火解毒的功效，故有"常食香椿不染病"的说法。

香气扑鼻的油泼香椿莜面，要拌匀入味才好吃，当热油泼下，"嗞啦"的一声，辣椒面、蒜沫、葱花儿、碎姜、花椒、盐在滚烫的油中炸开，当下满碗红光，香气四溢！此刻空气中弥漫的还有喜悦！把春天的味道吃进肚子里，才不会辜负当下的美好。正如眼前的香椿莜面，错过的话要再等一年才能吃到了！别等了，小伙伴们快来咱们西贝莜面村吃吧！

西贝莜面村 Ｖ
4月28日 09:35 来自 微博 weibo.com
+关注

#西贝油泼香椿莜面#每年3-5月正值香椿当季，今年也不例外，产自陕西的香椿叶嫩味浓，还有丰富的维生素、胡萝卜素、铁、磷、钙等多种营养成分。香椿有开胃爽神、祛风除湿、止血利气、消火解毒的功效，故有"常食香椿不染病"的说法。

香气扑鼻的油泼香椿莜面，要拌匀入味才好吃，当热油泼下，"嗞啦"的一声，辣椒面、蒜沫、葱花儿、碎姜、花椒、盐在滚烫的油中炸开，当下满碗红光，香气四溢！此刻空气中弥漫的，还有喜悦！把春天的味道吃进肚子里，才不会辜负当下的美好。正如眼前的香椿莜面，错过的话要再等一年才能吃到了！别等了，小伙伴们快来咱们西贝莜面村吃吧！收起全文 ∧

☆ 收藏　　　　　☑ 2　　　　　💬 12　　　　　👍 9

微博内容截图

微博配图一

微博配图二

微博配图三 微博配图四

这篇软文是介绍了西贝莜面村的西贝油泼香椿莜面，从材料的介绍以及细节的描述上来吸引读者。

 范本15 西贝莜面村微博软文二 ▶▶▶

I❤莜 怎么骗爸妈这很便宜

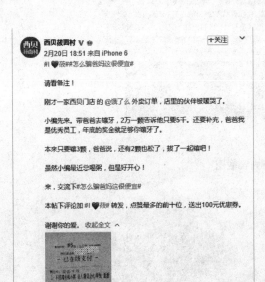

微博内容截图

请看备注！

刚才一家西贝门店的@饿了么外卖订单，店里的伙伴被暖哭了。

小编先来。带爸爸去镶牙，2万一颗告诉他只要5千。还要补充，爸爸我是优秀员工，年底的奖金就足够你镶牙了。

本来只要镶3颗，爸爸说，还有2颗也松了，拔了一起镶吧！

虽然小编最近总喝粥，但是好开心！

来，交流下"怎么骗爸妈这很便宜"。

本帖下评论加"I❤莜"转发，点赞最多的前十位，送出100元优惠券。

谢谢你的爱。

微博配图

这篇微博软文通过"以情动人"的方式来吸引读者，从很多老人不舍得花钱入手，通过编辑自己的故事使读者感同身受，同时也告诉读者，西贝莜面村会满足顾客的合理要求，使读者感到很舒服。

 范本16　海底捞微博软文 ▶▶▶

深圳友谊路店停业公告

非常感谢大家一直以来对我们的关心和照顾，海底捞友谊路店已定于2017年5月12日起停业搬迁至罗湖区人民南路金华广场L6-L7层。新店于5月20日左右开始营业，给您带来的不便我们深表歉意。欢迎大家前往附近其他海底捞门店用餐，其他门店信息详见附图或官网

微博截图

微博配图

这篇微博软文是海底捞的搬迁公告，把店铺的变动及时通过微博传递给自己的读者，给读者一种"这家店很注意细节"的感觉，读者下次光顾也不会走错。

 **章后小结**

通过本章内容，您学到了什么？

1. _____。

2. _____。

3. _____。

您还有什么疑惑？

1. _____。

2. _____。

3. _____。

请根据本章内容完成一篇软文。

1. _____。

2. _____。

3. _____。

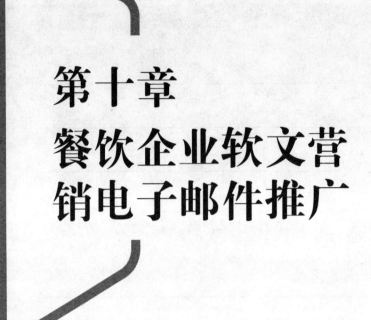

第十章
餐饮企业软文营销电子邮件推广

1.电子邮件推广的含义、功能及其优点。

2.电子邮件推广的要点。

3.电子邮件软文编辑。

4.通过范本分析达到独立完成电子邮件软文的目的。

第一节　电子邮件推广认知

1.1　电子邮件推广

电子邮件因为方便、快捷、成本低廉的特点，成为目前使用最广泛的互联网应用，是非常有效的推广工具。

电子邮件推广常用的方法包括邮件列表、电子刊物、新闻邮件、会员通信、专业服务商的电子邮件广告等。如果邮件发送规模比较小，可以采取一般的邮件发送方式或邮件群发软件来完成，如果发送规模较大，就应该借助于专业的邮件列表发行平台来发送。

1.2　电子邮件推广的优点

电子邮件推广的优点如图10-1所示。

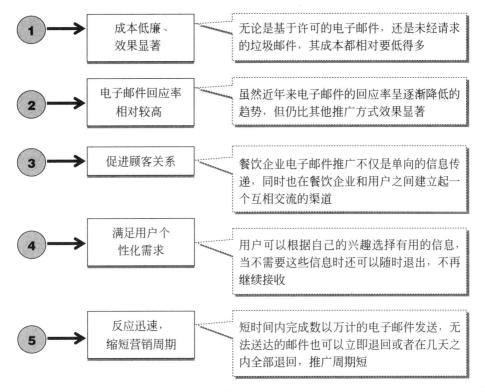

1	成本低廉、效果显著	无论是基于许可的电子邮件，还是未经请求的垃圾邮件，其成本都相对要低得多
2	电子邮件回应率相对较高	虽然近年来电子邮件的回应率呈逐渐降低的趋势，但仍比其他推广方式效果显著
3	促进顾客关系	餐饮企业电子邮件推广不仅是单向的信息传递，同时也在餐饮企业和用户之间建立起一个互相交流的渠道
4	满足用户个性化需求	用户可以根据自己的兴趣选择有用的信息，当不需要这些信息时还可以随时退出，不再继续接收
5	反应迅速，缩短营销周期	短时间内完成数以万计的电子邮件发送，无法送达的邮件也可以立即退回或者在几天之内全部退回，推广周期短

图10-1

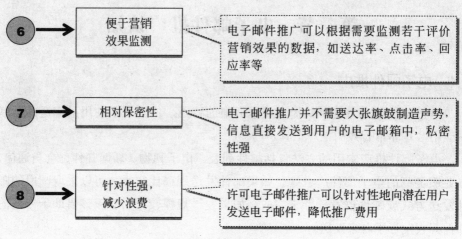

图 10-1　电子邮件推广的优点

1.3　电子邮件推广功能

餐饮企业的电子邮件推广尤其独特的功能，如图10-2所示。

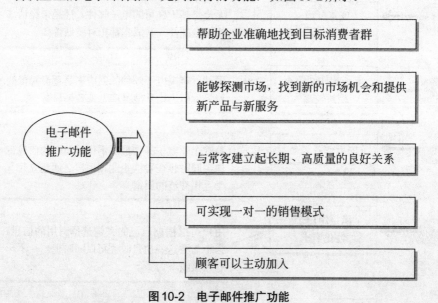

图 10-2　电子邮件推广功能

1.4　电子邮件推广要点

餐饮企业电子邮件推广主要注意几个方面，如图10-3所示。

要点一 ▷ 确定目标顾客群

餐饮企业首先要考虑是建立自己的邮件列表，还是利用第三方提供的邮件列表服务，两种方式各有优缺点。多数餐饮企业会建立自己的用户资料列表

要点二 ▷ 制定发送方案

应经过调研确定目标市场，找出潜在用户、确定发送的频率。发送电子邮件的频率应结合顾客的预期和需要，同样内容的邮件，每个月至多可以发送 2～3 次

要点三 ▷ 明确电子邮件主题

邮件的主题是收件人最早看到的信息，也是内容的精华，决定了收件人能否继续阅读

要点四 ▷ 内容应简洁明了

用最简单的内容表达出诉求点、能给收件人带来什么，如果必看，可以给出一个关于详细内容的链接

要点五 ▷ 邮件格式要清楚

电子邮件应用商务信件的格式，包括对收件人的称呼、正文、发件人签名等，最好采用纯文本格式文档，把内容尽量安排在正文部分，除非插入图片、声音等资料

要点六 ▷ 收集反馈信息，及时回复

可以选定群发邮件，也可单独发送。开展营销活动应该获得特定计划的总体反应率并跟踪顾客的反应，从而根据顾客过去的反应行为作为将来的市场细分依据

要点七 ▷ 更新邮件列表

根据从顾客得到的信息进行整理，更新邮件列表，创建与产品和服务相关的客户数据库，改善"信噪比"，增加回头率，同时了解许可的水平

图10-3 电子邮件推广要点

1.5　电子邮件推广软文的编辑

编辑电子邮件软文时应注意以下几点，如图10-4所示。

| 要点一 | 不要发垃圾邮件。前期应少发图片，最好用html格式 |

| 要点二 | 简洁明了、表明主题 |

| 要点三 | 带点有创意的推广视频、漫画等，最好是连续剧的 |

| 要点四 | 设计名片，精美个性的名片更容易被用户记住 |

图10-4　电子邮件软文编辑要点

第二节　电子邮件推广范本

本节内容提供几个关于餐饮企业软文营销电子邮件推广的范本，仅供读者参考。

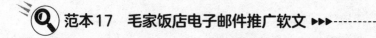 范本17　毛家饭店电子邮件推广软文 ▶▶▶------------------------------

一张照片　一个传奇

这是一张温暖人心的照片，这是一张满载亲情、真情、乡情的照片，这是一张让中国人难以忘怀的照片。

在这张照片中，共和国的创建者和家乡布衣之间没有了领袖和平民之分；在这张照片中，平凡和伟大被完美地融合，成就永恒的经典，点亮伟人无限的光芒……任岁月匆匆，任时光流逝，变的是伟人梦想的蓝图徐徐展开，不变的是在我们心间永远真情的怀念。

1959年的那一瞬间，在汤瑞仁的心中，刻上了永恒的难忘。

（左二是年轻时的汤瑞仁，怀中抱着的小孩是她的儿子毛命军）

　　岁月如歌，28年之后，当市场经济的浪涛也冲进被浓浓故里情包围的韶山冲时，在各旅游配套设施不到位的困难情况下，面对毛主席故居如织的参观人流，住在毛主席故居一塘之隔的汤瑞仁，看在眼里，急在心头。在新中国成立前，她逃荒、要饭、受尽苦难，是党和毛主席的领导才使她和穷苦大众一起翻了身。发自对主席内心的真挚淳朴的情感，汤瑞仁心中孕育了一个强烈而又坚定的信念："接待好毛主席的客人！"在这个质朴而又坚强的信念支持下，汤瑞仁——以1.7元钱起家从卖绿豆稀饭给游客解暑止饿开始——于1987年，在毛主席故居对面的自己家中，创立了毛家饭店。

毛家饭店已在全国开设连锁分店三百多家

这是一篇图文结合的电子邮件软文，通过品牌故事把毛家饭店的起源娓娓道来，使读者感受到浓浓的亲情、真情、乡情。

 范本18　吉野家电子邮件推广软文 ▶▶▶ --------------------------

吉野家的食品安全管控

第一阶段：原料采集阶段

吉野家有着严格的供应商筛选和管理机制，以确保在最佳的地点、最佳的时间，用最优的技术，选到最好的原料。吉野家的食材选用均由指定地区供应。公司选择行业龙头企业作为合作伙伴，制定严格的标准，对食材进行检测和验收。如大米和蔬菜是由指定生产基地供应，从选米开始，吉野家就严格把控源头，以保证大米在蒸好后口感好且能充分渗透牛肉的汤汁。吉野家牛肉饭选用的是牛胸腹肉，因为其非常柔软的脂肪与瘦肉的比例适当。除此外，牛的年份、体重标准，牛肉部位、脂肪率、形状、色泽、组织状态、黏性、气味、煮沸后肉汤的呈色等，也成为了牛肉选材的重要因素。

招牌牛肉饭套餐　　　　蔬菜牛肉饭套餐　　　　泡菜牛肉饭套餐

辣猪双拼套餐　　　　吉味双拼饭套餐　　　　咖喱牛肉饭套餐

第二阶段：食品的加工生产阶段

对于餐饮行业来说，食材储存及熟食存放等方面的环境卫生标准和要求极为重要。吉野家严格的设备认证、食物制作标准以及严格的操作流程保证了烹饪设备的卫生安全，以及能让所有的原材料在统一标准下进行烹饪，也能确保其所有店面进行统一的操作，实现美食"美味鲜"。吉野家的严格监管体系不仅保证了烹饪环境及用餐环境的整洁、干净、卫生，更让顾客在用餐的同时感受到吉野家的用心。此外，吉野家更是业内最早取得ISO 14001环境管理体系认证的企业，也获得了陆桥质检认证中心颁发的食品安全管理体系认证证书。

吉野家相信，只要有质量至上的信念、标准和执行有效的规范流程，就能够保证产品的品质，也能赢得市场的信任。

这篇软文通过两个方面的安全管控，给读者展现了吃得放心的吉野家。

范本19 汉堡王电子邮件推广软文 ▶▶▶------------------------------

汉堡王是怎样炼成的

这篇电子邮件推广软文用四张图片及简短的文字呈现出汉堡王的制作，使读者更容易接收到汉堡王的推广主旨。

 **范本20 呷哺呷哺电子邮件推广软文** ▶▶▶---------------------------

外送百家给您福利 免费羊排肉您别客气

还有不到一个月就五一啦！

想想心里就有点小激动~

为了五月出游的伟大计划，定要在四月好好完成学习、工作！不给五月留下任何隐患！

于是起早贪黑，从人忙到狗……

晚上站在拥挤的地铁，肚子咕噜噜的只告诉我一件事："到家吃饭！"

想到空空如也的冰箱，心里更是无限惆怅……

期待一回到家就有现成的？！

呷哺呷哺已开通外送业务！

呷哺小鲜帮你实现。

即日起到4月30日：

（1）进入"百度外卖"或"美团外卖"或"饿了么"或"口碑外卖"APP；

（2）定位当前位置；

（3）搜索"呷哺"，开始点餐。

呷哺小鲜就帮你把新鲜时蔬、美味肉品，分拣洗净送到家。

更贴心的是：

下单就送锡盟草原羔羊排肉（满60元起送），简直温暖了我这加班狗。

你以为这样就结束了么？

NO！

实惠不仅如此！

为了让更多人享受到足不出户吃呷哺的待遇，

呷哺小鲜新增16家餐厅也有特惠惊喜：

特惠：锡盟草原羔羊肉免费放送！

即日起至5月4日，满60元及以上赠价值22元锡盟草原羔羊肉一份。

还在犹豫什么？

快瞧瞧你是否在送餐范围？

坐等饭来吧！

温馨提示：

活动餐厅详见呷哺呷哺官方微信【呷查找】—【活动公告】—呷哺小鲜外送餐厅信息公示。

每家餐厅均有指定的外送范围，超出餐厅送餐范围的订单将不提供外送服务，敬请谅解！

这篇电子邮件推广软文采用图文并茂的方式把呷哺呷哺的外送服务展现给读者，且重点内容加粗展示，更具趣味性。

 范本21 避风塘电子邮件推广软文 ▶▶▶ -----------------------------------

避风塘开店优惠活动

活动日期：2017年4月27日～5月31日

活动门店：百联川沙店

活动方式：9折

这篇电子邮件软文主要以图片形式展现软文内容，并在最后强调时间、地点及活动方式，增强读者记忆。

范本22　汉拿山－星米年糕火锅电子邮件推广软文 ▶▶▶-------------

星米年糕火锅

活动一：超值积分换购；

活动二：首次关注赠鲜果饮一瓶。

　　这篇电子邮件软文用简洁的文字介绍了星米年糕火锅的活动，搭配图片，把信息直接展现给读者，最后提供二维码，方便微信用户随时关注活动。

章后小结

通过本章内容，您学到了什么？

1. _____。

2. _____。

3. _____。

您还有什么疑惑？

1. _____。

2. _____。

3. _____。

请根据本章内容完成一篇软文。

1. _____。

2. _____。

3. _____。

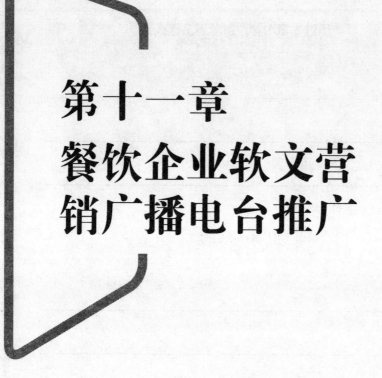

第十一章
餐饮企业软文营销广播电台推广

学习目标

1.了解电台推广的含义、特点及优势。

2.掌握电台推广的要素。

3.通过范本分析能够独自完成电台推广软文。

第一节 广播电台推广认知

1.1 什么是电台推广

电台推广就是餐饮企业通过电台广告、节目冠名等形式实现推广目的。

广播电台有以下几个方面的特点使之更适合餐饮企业的推广，如图11-1所示。

特点一	听众忠诚度高，适合为客户树立品牌忠诚度
特点二	非视觉性媒体，解放眼睛，吸引白领、学生及有车一族
特点三	流动性媒体，适合在运动状态中接收，适合汽车中的收听
特点四	适用于收听音乐，吸引年轻人及学生
特点五	可塑性强，方便与其他媒体整合

图11-1 广播电台的特点

1.2 电台推广的优势

餐饮企业软文广播电台推广的优势主要表现在以下几点，如图11-2所示。

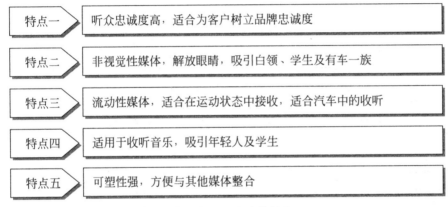

优势一 广播电台及各频率节目针对性强

一对一的广播节目定位，听众对自己也已进行了细分，即不同的节目和时段有不同的听众群

优势二 广播受众年龄低，文化程度高

广播电台现在的受众，以司机、学生、年轻人和都市白领等为主，是最具购买力的人群

图11-2

优势三〉 广播受众"含金量"不断提升

开车一族逐年增加，车载听众比例增高，广播电台随之发展，广播受众经济能力更强

优势四〉 广播收听方便

广播伴随收听行为明显，收听时间不断增加，随着网络广播的发展甚至可收听过去的内容

优势五〉 广播受众收听习惯稳定

据调查显示，每周收听 3 天及以上广播的稳定听众比例高达 60.4%，这说明某一个时间点的广告，更易达到购买目的

优势六〉 广播听众不"躲避"广告，广播电台及各频率节目针对性强

据调查显示，约有 70% 的听众遇到广告不换台，30% 左右换台后还会换回来，这保证了广播广告的到达率，同时广告效果也比较稳定

优势七〉 广播推广成本低

广播广告制作成本低，方便餐饮企业进行调整广告内容和形式应对竞争，同时与其他各大媒体比较，广播千人成本更低

图 11-2　电台推广的优势

1.3　电台推广四要素

餐饮企业在策划电台推广时需要注意几个方面，如图 11-3 所示。

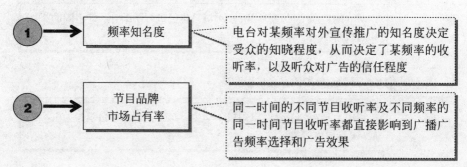

①→ 频率知名度 ⋯⋯ 电台对某频率对外宣传推广的知名度决定受众的知晓程度，从而决定了某频率的收听率，以及听众对广告的信任程度

②→ 节目品牌市场占有率 ⋯⋯ 同一时间的不同节目收听率及不同频率的同一时间节目收听率都直接影响到广播广告频率选择和广告效果

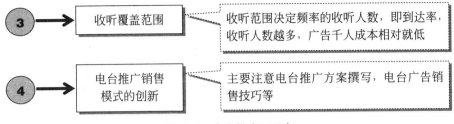

图 11-3 电台推广四要素

第二节 广播电台推广范本

以下提供几个餐饮企业电台推广软文范本，仅供读者参考。

 范本23 ××连锁餐厅电台推广软文 ▶▶▶ ------------

××连锁餐厅电台推广软文

好消息！

××连锁餐厅将在×月×日隆重开业。开业期××优惠大酬宾，欢迎惠顾！

地址：××路××商厦旁

电话：××××××。

这是一篇典型的电台推广软文，通过简洁的语言传达连锁餐厅开业的消息。

 范本24 ××茶餐厅电台推广软文 ▶▶▶ ------------

××茶餐厅电台推广软文

好消息！

××茶餐厅双人餐免费抢！

活动食谱：马来咖喱牛腩和萝卜牛腩二选一，白切鸡+叉烧+烧鸭拼盘一份，黑椒牛柳丝炒意粉一份，柠檬茶/奶茶任选二份。

详情请咨询：××××××。

这篇软文主旨明确，直接把活动展现给听众。

 范本25 俏凤凰的电台推广软文 ▶▶▶ ------------------------

俏凤凰的电台推广软文

传统的粽子是传递熟人之间情感的纽带，UBER却令陌生人之间的关系变得微妙，"乘车粽"的神奇之处在于：既传递了熟人之间的情感，又可以和陌生人来次疯狂的接触。

想象一下，单身已久的你，今年端午节可能是这样的：从俏凤凰买一只乘车粽，用UBER乘车优惠码打了一辆车，却在打开门瞬间见到了自己的理想型，一见钟情这种事虽不靠谱但还是存在的。如果恰好他也单身呢？

这篇电台推广软文把粽子与UBER结合在一起，再加入情感，很容易吸引听众注意。

 范本26 嘉里中心饭店咖啡苑电台推广软文 ▶▶▶ ------------------

嘉里中心饭店咖啡苑电台推广软文

与心爱的人选择在情人节之夜光临嘉里中心饭店咖啡苑，在浪漫温馨之中，尽享丰盛诱人的国际自助大餐（含无限量啤酒及软饮），为女士特别准备的玫瑰花，另外，甜美幼滑的巧克力自助及由缤味特别奉献的节日甜品也于当晚提供，为你的今晚带来更多甜蜜。

这里有开放展览式自助餐台展现精致的美味。其中包括沙拉、新鲜鱼生和日式寿司、国际流行口味的道道主菜、各种面食、中式点心、风味浓郁的汤品、玲珑可爱的甜点及丰富的时令水果……丰富的选择惹人垂涎。

地址：××区××路×号×阁中餐厅

这篇软文通过对浪漫的阐述来吸引听众，让人觉得想浪漫就选这家店。

 **章后小结**

通过本章内容，您学到了什么？

1. _____。

2. _____。

3. _____。

您还有什么疑惑？

1. _____。

2. _____。

3. _____。

请根据本章内容完成一篇软文。

1. _____。

2. _____。

3. _____。

参考文献

[1] 老鹰-宜淼之家. 作为一家餐饮店，如何能做软文营销？有赞商家社区，2015-10-29.

[2] 貓老师. 香蜜湖美食城里的另一片绿洲. 大众点评，2017-5-11.

[3] 成都美食范. 520成都哪些餐厅适合表白？搜狐美食，2016-5-18.

[4] zexun. 多少人第一次去沙头角，都是为了它. 大众点评，2017-4-28.

[5] 啊豆沙包. 这一煲猪肚鸡，我可以给好评. 大众点评，2017-5-11.

[6] 博览餐饮. 一杯咖啡1美元！美国新锐连锁Locol用快餐价格定义精品咖啡. 红餐网，2017-5-16.

[7] 刘硕. 蜀大侠火锅的武功为什么这么厉害？红餐网，2017-5-16.